北京大學《儒藏》編纂與研究中心 編

《儒藏》精華編選刊

龜山先生語録

〔北宋〕楊時 撰
潘佳 殷小勇 校點

北京大學出版社
PEKING UNIVERSITY PRESS

圖書在版編目 (CIP) 數據

龜山先生語録 / (北宋) 楊時撰;北京大學《儒藏》編纂與研究中心編. —北京：北京大學出版社，2023.9

（《儒藏》精華編選刊）

ISBN 978-7-301-33891-9

Ⅰ. ①龜… Ⅱ. ①楊… ②北… Ⅲ. ①楊时（1053—1135）–哲學思想–文集 Ⅳ. ① B244.991-53

中國國家版本館 CIP 數據核字 (2023) 第 058969 號

書　　名	龜山先生語録 GUISHAN XIANSHENG YULU
著作責任者	〔北宋〕楊时　撰 潘佳　殷小勇　校點 北京大學《儒藏》編纂與研究中心　編
策劃統籌	馬辛民
責任編輯	方哲君
標準書號	ISBN 978-7-301-33891-9
出版發行	北京大學出版社
地　　址	北京市海淀區成府路 205 號　100871
網　　址	http://www.pup.cn　　新浪微博：@ 北京大學出版社
電子郵箱	編輯部 dj@pup.cn　　總編室 zpup@pup.cn
電　　話	郵購部 010-62752015　發行部 010-62750672 編輯部 010-62756449
印 刷 者	三河市北燕印裝有限公司
經 銷 者	新華書店 650 毫米 ×980 毫米　16 開本　6.5 印張　64 千字 2023 年 9 月第 1 版　2023 年 9 月第 1 次印刷
定　　價	30.00 元

目録

校點説明

《龜山先生語録》四卷，《後録》上下，宋楊時撰。

楊時（一〇五三—一一三五），字中立，號龜山先生。南劍州將樂（今屬福建）人。宋神宗熙寧九年（一〇七六）中進士第，多年杜門不仕。年四十始出，歷任瀏陽、餘杭、蕭山知縣，又任荆州教授。徽宗宣和中，召爲秘書郎，未幾除邇英殿説書。欽宗靖康元年（一一二六）除右諫議大夫兼侍講，又兼國子祭酒，力排和議。乞致仕，提舉崇福宫。高宗即位，除工部侍郎兼侍讀，以龍圖閣直學士提舉杭州洞霄宫致仕。紹興五年卒，年八十三。謚文靖，有《龜山集》。事跡見《宋史》本傳。

楊時中進士之後，調官不赴，先後師從程顥、程頤，有「程門立雪」之佳話。楊時繼承二程思想，主張静中體驗、反身格物，東南學者推爲程門正宗。朱熹爲其三傳弟子。

據《直齋書録解題》，《龜山先生語録》爲其門人陳淵、羅從彦、胡大原三人所録。全書由《荆州所聞》《京師所聞》《餘杭所聞》《南都所聞》《毗陵所聞》《蕭山所聞》六部分組成。内容涉及楊時對經典、史事、學術的看法，較爲真實地保存了楊時的思想，是研究楊時理學思想的第一手材料。書中有較多針對時政特别是王安石新法的批評，這些都有助於了解兩宋之交學術思想史的原貌。

是書陳振孫《直齋書録解題》著録爲「《龜山語録》五卷，《語録》四卷、《附録》一卷」。趙希弁《讀書後志》著録爲「《龜山先生語録》四卷」。現存《龜山語録》最早版本爲鐵琴銅劍樓舊藏南宋吴堅刻本（簡稱宋本），一九三四年商務印書館《四部叢刊續編》據以影印，此本今藏國家圖書館。現存諸本僅此爲《語録》單行本，餘皆屬文集。

楊時文集有明弘治十五年（一五〇二）將樂知縣李熙等編《龜山先生集》十六卷（簡稱弘治本）。明萬曆十九年（一五九一）林熙春據以重編，釐分爲四十二卷，名爲《龜山先生全集》（簡稱萬曆本）。清康熙五年（一六六六）楊氏後人於家祠「道南祠玉峰山館」重刻，康熙四十六年（一七〇七）楊氏後人楊繩祖據此本重印，名爲《楊龜山先生集》。乾隆年間修《四庫全書》亦以康熙五年本爲底本，名爲《龜山集》。光緒五年（一八七九）夏子鎔等於楊氏家祠再據康熙四十六年本修補重印。此外，另有明正德十二年（一五一七）刻《龜山先生集》三十五卷本（簡稱正德本）。

宋本《龜山先生語録》之《後録》二卷，楊時文集諸本皆無。以萬曆本爲代表的十六卷、四十二卷《龜山先生集》系統所收《語録》亦爲四卷，然條則分合與宋本略有不同，自爲一系統。正德本《語録》分爲上下兩卷，條則内容較諸本都少，又爲一系統。因此，《龜山先生語録》版本系統有三：宋本，萬曆本爲代表的文集系統以及正德本的文集系統。

本次整理，以《四部叢刊續編》影印常熟瞿氏鐵琴銅劍樓藏宋刊本爲底本，以正德本、萬曆本爲校本。底本原無目録，現補加。底本避宋諱，如「匡」作「正」、「太玄」作「太元」，不回改；其餘如「恒」字缺末筆等，皆逕補足不出校。

校點者　潘佳　殷小勇

龜山先生語録卷第一

荆州所聞甲申四月至乙酉十一月

先生曰：❶自堯、舜以前載籍未具，世所有者，獨伏犧所畫八卦耳。當是之時，聖賢如彼其多也，自孔子删定繫作之後，更秦歷漢以迄于今，其書至不可勝紀。人之所資以爲學者，宜易於古。然其間千數百年，求一人如古之聖賢，卒不易得，何哉？豈道之所傳，固不在於文字之多寡乎？夫堯、舜、禹、皐陶皆稱若稽古，非無待於學也，其學果何以乎？由是觀之，聖賢之所以爲聖賢，其用心必有在矣。學者不可不察之也。❷

觀孔門弟子之徒，❸其事師雖至於流離困餓，濱於死而不去，非要譽而規利也。所以甘心焉者，其所求也大矣。流離困餓且濱於死有不足道者，學者知此，然後知學之不可已矣。

---

❶「先生曰」三字，正德本無。

❷「學者不可不察之也」八字，正德本無。

❸「觀孔門弟子之徒」以下二則，正德本無。

古之學者以聖人爲師，其學有不至，故其德有差焉。人見聖人之難爲也，故凡學者以聖人爲可至，則必以爲狂而竊笑之。夫聖人固未易至，若舍聖人而學，是將何所取則乎？以聖人爲師，猶學射而立的然，的立於彼，然後射者可視之而求中。若其中不中，則在人而已。不立之的，以何爲準？

問：「曾西不爲管仲，而於子路則曰：『吾先子之所畏。』或曰：『羞管仲之所已爲，慕子路之所未就。』此說是否？」曰：「孔子曰：『由也，千乘之國，可使治其賦也。』使其見於施爲，如是而已。其於九合諸侯，一正天下，固有所不逮也。」「然則如之何？」曰：「管仲之功，子路未必能之。然子路，譬之御者，則範我馳驅者也。若管仲，蓋詭遇耳。曾西，仲尼之徒也，蓋不道管仲之事。」

六經不言無心，❶惟佛氏言之，亦不言修性，惟揚雄言之。心不可無，性不假修，故《易》止言「洗心」「盡性」，《記》言「正心」「尊德性」，《孟子》言「存心養性」。佛氏「和順於道德」之意蓋有之，「理於義」則未也。

聖人以爲尋常事者，莊周則夸言之。莊周之博，乃禪家呵佛駡祖之類是也。如《逍遥游》《養生主》，曲譬廣喻，張大其說。論其要，則《逍遥游》一篇乃子思所謂「無入而不自得」，而《養生主》一篇乃孟子所謂「行其所無事」而已。

問：「孔子曰：『中庸之爲德，其至矣乎！』何也？」曰：「至，所謂極也。極，猶屋之極，所處則至矣。下是爲不及，上焉則爲過。或者曰『高明所以處己，中庸所以處人』，如此則是聖賢所以自待者常過，而以其所

❶「六經不言無心」以下三則，正德本無。

賤者事君親也，而可乎？」「然則如之何？」曰：「『高明即中庸』也。高明者，中庸之體；中庸者，高明之用耳。高明亦猶所謂至也。」

問：❶「或曰：『中所以立常，❷權所以盡變，不知權則不足以應物，知權則中有時乎不必用矣。』是否？」曰：「知中則一作即。知權，不知權是不知中也。」曰：「既謂之中，斯有定所，必有權焉，是中與權固異矣。」曰：「猶坐於此室，室自有中，移而坐於堂，則向之所謂中者，今不中矣。堂固自有中，合堂室而觀之，蓋又有堂室之中焉。若居今之所，守向之中，是不知權，豈非不知中乎？又如以一尺之物，約五寸而執之，中也。一尺而厚薄小大之體殊，則所執者輕重不等矣，猶執五寸以爲中，是無權也。蓋五寸之執，長短多寡之中，而非厚薄小大之中也。欲求厚薄小大之中，則釋五寸之約，唯輕重之知，而其中得矣。故權以中行，中因權立。《中庸》之書不言權，其曰『君子而時中』，蓋所謂權也。」一連下段。

舜、跖之分，❸利與善之間也。利善之間相去甚微，學者不可不知。

爲文要有温柔敦厚之氣，對人主語言及章疏文字，温柔敦厚尤不可無。如子瞻詩多於譏玩，殊無惻怛

❶「問」，正德本無。

❷「所」，正德本無。下句「所」字同。

❸「舜跖之分」一則，正德本無。

愛君之意。荆公在朝論事多不循理，惟是争氣而已，何以事君？君子之所養，要令暴慢邪僻之氣不設於身體。❶

陶淵明詩所不可及者，冲澹深粹，出於自然。若曾用力學，然後知淵明詩非着力之所能成。

私意去盡，❷然後可以應世，老子曰：「公乃王。」

儒佛深處，所差杪忽耳。見儒者之道分明，則佛在其下矣。今學之徒曰儒者之道在其下，是不見吾道之大也。爲佛者既不讀儒書，或讀之而不深究其義，爲儒者又自小也，然則道何由明哉？

「君子無終食之間違仁。」説者曰：「飲食必有祭是也。」曰：「如是，則造次顛沛之際，遑遽急迫甚矣。欲不離仁，仁之道安在？且飲食必有祭，小人亦然，豈能仁乎？」

孔子以其子妻公冶長，以其兄之子妻南容。説者曰：「君子之處其子與處其兄之子，固不同也。」曰：「兄弟之子猶子也，何擇乎？誠如所言，是聖人猶有私意也。聖人不容有私意，若二女之少長美惡必求其對，所妻之先後未必同時，安在其厚於兄而薄於己耶？記此者特言如是二人可託以女子之終身。且聖人爲子擇配，不求其他，故可法也。」

或謂：「『孔子登東山而小魯，登泰山而小天下』，此言勝物而小之。」曰：「使聖人以勝物爲心，是將自

---

❶「邪」，正德本、萬曆本作「衰」。

❷「私意去盡」以下三則，正德本無。

小，安能小物？聖人本無勝物之心，身之所處者高，則物自不得不下耳。」

葉公以證父之攘羊爲直，而孔子以爲「吾黨之直者，父爲子隱，子爲父隱」。夫父子之真情，豈欲相暴其惡哉？行其真情乃所謂直，反情以爲直，則失其所以直矣。乞醯之不得爲直，亦猶是也。

《周禮》：王燕則以膳夫爲獻主。説者曰：「君臣之義不可以燕廢。」曰：「是不然。此孟子所謂養君子之道也。禮，受爵於君前，則降而再拜。燕所以待羣臣嘉賓也，而使之有升降拜揖之勞，是以犬馬畜之矣。故以膳夫爲獻主，而主不自獻酬焉，是乃所以爲養君子之道，而『廩人繼粟、庖人繼肉』之義也。」

《周禮》：凡用皆會，唯王及后不會。説者曰：「不得以有司之法制之。」曰：「有司之不能制天子也，固矣。然而九式之職，冢宰任之。王恣其費用，有司雖不會，冢宰得以九式論於王矣。故王、后不會，非蕩然無以禁止之也。制之有冢宰之義，而非以有司之法故也。」

或曰：「《書》之終《秦誓》，以見聖人之樂人悔過也，故凡過而能悔者，取其悔而不追其過可也。今有殺人而被刑者，臨刑而曰：『吾惟殺人以至此也。』仁者於此亦必哀而捨之。」曰：「《書》之有《秦》《費》二誓，以誌帝王之誥命於是絶故也。其大意則言，有國者不可廢誓，於誓之中，其事又有可取者，則如秦之罪己而不責人是也。若曰取其悔而已，不咎其過，其既悔而有過也，亦不當罪乎？聖人以恕待人，於人之悔也嘉之，可也。如以悔爲是，而不問其改與不改，則改過者鮮矣。故君子之取人也，取其改，不取其悔。且殺人至於被刑而自狀其過，蓋傷其死之不善也。使殺人而不必死，其肯悔乎？崤之戰不敗，則秦自以爲功矣！何以知之？以濟河之師知之也，濟河之師何義哉！」

「君子務本」，言凡所務者，惟本而已。若仁之於孝悌，其本之一端耳。蓋爲仁必自孝悌推之，然後能爲仁也。其曰：爲仁與體仁者異矣，體仁則無本末之别矣。孔子曰「老者安之，朋友信之，少者懷之」，此無待乎推之也。孟子曰「老吾老以及人之老，幼吾幼以及人之幼」，此推之也，推之所謂爲仁。

問：「子貢貨殖，誠如史遷之言否？」曰：「孔門所謂貨殖者，但其中未能忘利耳，豈若商賈之爲哉？」曰：「樊遲請學稼、學圃，如何？」曰：「此亦非爲利也，其所願學正許子並耕之意，而命之爲小人者，蓋稼、圃乃小人之事，而非君子之所當務也。君子勞心，小人勞力。」

先生嘗夜夢人問：❶「『王由足用爲善』，何以見？」語之曰：「齊王只是朴實，故足以爲善。如好貨、好色、好勇與夫好世俗之樂，皆以直告而不隱於孟子，❷其朴實可知。若乃其心不然，❸而謬爲大言以欺人，是人終不可與入堯、舜之道矣。何善之能爲？」

《狼跋》之詩曰：❹「公孫碩膚，赤舄几几。」周公之遇謗，何其安閑而不迫也。學詩者不在語言文字，當想其氣味，則詩之意得矣。

---

❶「夜」，正德本無。
❷「於孟子」三字，正德本無。
❸「乃」，正德本無。
❹「狼跋」一則，正德本無。

孟子言「説大人則藐之」，至於以己之長，方人之短，猶有此等氣象在，若孔子則無此矣。觀《鄉黨》一篇「與上大夫言，誾誾如也；與下大夫言，侃侃如也」，以至「見冕者與瞽者，雖褻必以貌」，如此，何暇藐人。《禮》曰：「貴貴，爲其近於君也。敬長，爲其近於親也。」故孔子謂君子畏大人。

「孔子言由、求爲具臣，曰：『弒父與君，亦不從也。』由、求如是而已乎？」曰：「弒父與君，言其大者，蓋小者不能不從故也。若季氏旅太山、伐顓臾而不能救之之事是已。」「然則或許其升堂，且皆在政事之科，何也？」曰：「小事之失亦未必皆從，但自弒父與君而下，或從一事，則不得爲不從。若弒父與君，則決不從矣。進此一等便爲大臣，如孔、孟之事君是也。故孔、孟雖當亂世而遇庸暗之主，一毫亦不放過。」

事道與禄仕不同。常夷甫家貧，召入朝，神宗欲優厚之，令兼數局，如登聞鼓、染院之類，庶幾俸給可贍其家，夷甫一切受之不辭。及正叔以白衣擢爲勸講之官，朝廷亦使之兼他職，則固辭。蓋前日所以不仕者爲道也，則今日之仕，須是官足以行道乃可受，不然是苟禄也。然後世道學不明，君子之辭受取舍，人鮮能知之。故常公之不辭，人不以爲非；而程公之辭，人亦不以爲是。❶

王逢原才高識遠，❷未必見道。觀其所著，乃高論怨誹之流，假使用之，亦何能爲？《春秋》昭如日星，但説者斷以己意，故有異同之論。若義理已明，《春秋》不難知也。《春秋》始於隱，其説紛紛無定論。《孟

---

❶ 「不」，正德本無。

❷ 「王逢原」一則，正德本無。

子》有言：「王者之迹熄而《詩》亡，《詩》亡然後《春秋》作。」據平王之崩，在隱公之三年也，則隱公即位，實在平王之時。自幽王爲犬戎所滅，而平王立於東遷，當是時，《黍離》降而爲《國風》，則王者之《詩》亡矣。此《春秋》所以作也。

《易》於《咸卦》初六言「咸其拇」，六二言「咸其腓」，九三言「咸其股」，九五言「咸其脢」，上六言「咸其輔頰舌」。至於九四一爻，由一身觀之，則心是也。獨不言心，其説以謂有心以感物，則其應必狹矣，唯忘心而待物之感，故能無所不應。其繇辭曰：「貞吉。悔亡。憧憧往來，朋從爾思。」夫思皆緣其類而已，不能周也。所謂「朋從」者，以類而應故也。故孔子《繫辭》曰：「天下何思何慮？天下同歸而殊塗，一致而百慮，天下何思何慮？」夫心猶鏡也，居其所而物自以形來，則所鑒者廣矣。若執鏡隨物，以度其形，其照幾何？或曰：「思造形之上極，過是非思之所能及，故唯天下之至神則無思也。無思所以體道，有思所以應世。」此爲不知《易》之義也。《易》所謂「無思」者，以謂無所事乎思云耳，故其於天下之故，感而通之而已。今而曰不可以有思，又曰不能無思，此何理哉？

或曰：「聖人所以大過人者，蓋能以身救天下之弊耳。昔伊尹之任，其弊多進而寡退，苟得而害義，故伯夷出而救之。伯夷之清，其弊多退而寡進，過廉而復刻，故柳下惠出而救之。柳下惠之和，其弊多污而寡潔，惡異而尚同，故孔子出而救之。是故伯夷不清不足以救伊尹之任，柳下惠不和不足以救伯夷之清。此三人者，因時之偏而救之，非天下之中道也，故久必弊至。孔子之時，三聖人之弊，各極於天下，故孔子集其行而大成萬世之法，然後聖人之道無弊。其所以無弊者，豈孔子一人之力哉！四人者相爲終始也。使三聖人者當孔子之時，皆足以爲孔子矣。」曰：「何不思之甚也？ 由湯至於文王之時，五百有餘歲，其間賢聖之君六七作，其成就人才之衆，至其衰世尤有存者。 使伊尹有弊，當時更世之久，上之爲君，下之爲臣，皆足以有爲，獨無以革之乎？ 由周至于戰國之際，又五百有餘歲，文、武、周公之化，不爲不深。 使伯夷之弊至是猶在，則周之聖人所謂一道德以同風俗者，❶殆無補於世，而獨俟一柳下惠耶？ 況孔子去柳下惠未遠，若柳下惠能矯伯夷之清，使天下從之，其弊不應繼踵而作。❷ 而孔子救之，又何其遽也？ 且孔子之時，荷蕢、荷蓧、接輿、沮溺之流，必退者尚多也，則柳下惠之所爲，是果何益乎？ 故爲聖人救弊之説者，是亦不思而已矣。 夫伊尹固聖人之任者，然以爲必於進則不可也。 湯三使往聘之，然後幡然以就湯，不然將不從其聘耶，❸則伊尹之不必進可見。 伯夷固聖人之清者，然以爲必於退則不可也。 方其辟紂居諸海濱以待天下之清，聞西伯善養老者則歸之，則伯夷之不必退亦可見。 若柳下惠，孔子蓋以謂『直道而事人』，孟子亦稱其『不以三公易其介』，夫亦豈以同爲和乎？❹ 由是觀之，其弊果何自而得之耶？ 若曰孔子之道所以無弊者，『四人者相爲終始。 使三聖人當孔子之時，亦皆足以爲孔子』，此尤不可。 孟子曰伯夷、伊尹『不同道』，

---

❶ 「同風」，原作小字，今據文義改。
❷ 「踵」，正德本作「世」。
❸ 「耶」，正德本、萬曆本作「矣」。
❹ 「夫」，萬曆本作「矣」，則當屬上。

又曰『自生民以來，未有盛於孔子』，而伯夷、伊尹不足以班之。而其所謂同者，『得百里之地而君之，皆能以朝諸侯、有天下；行一不義、殺一不辜而得天下，皆不爲』而已。彼爲任、爲清、爲和，一節之至於聖人者也，其可以爲孔子乎？夫以三人爲聖者，孟子發之也，而孟子之言其辨如彼。今釋孟子之言，安得强爲之説乎？雖然，此孟子之言也，學者於聖人又當自有所見。自無所見，縱得孟子之旨，何與吾事？」

問：「伊尹五就湯、五就桀，何也？」曰：「其就湯也，以三聘之勤也；其就桀也，湯進之也。」「然則何爲事桀？」曰：「既就湯，則當以湯之心爲心，湯豈有伐桀之意哉？其不得已而伐之也。人歸之，天命之耳。方其進伊尹以事桀也，蓋欲其悔過遷善而已。苟悔過遷善，則吾北面而臣之，固所願也。若湯初求伊尹即有伐桀之意，而伊尹遂相之，是以取天下爲心也。以取天下爲心，豈聖人之心哉？」

問：「伯夷、伊尹、柳下惠之行固不同矣。使伯夷居湯之世，就湯之聘乎？」曰：「安得而不就？」「然則湯使之就桀，則就之乎？」曰：「否。」「何以知其然？」曰：「伯夷聞文王作興則歸之，宜其就湯之聘。然而横政之所出，横民之所止，不忍居也。使之事桀，蓋有所不屑矣。」「然則其果相湯也，肯伐桀乎？」曰：「至天下共叛之，桀爲獨夫，伯夷伐之，亦何恤哉？」

或曰：「湯之伐桀也，衆以爲『我后不恤我衆，舍我穡事而割正夏』。而湯告以必往，是聖人之任者也。文王三分天下有其二，以服事商，是聖之清者也。」曰：「非也。湯之伐桀，雖其衆有不悦之言，憚勞而已。若夏之人則不然，曰：『時日曷喪，予及汝皆亡。』故攸徂之民，室家相慶，簞食壺漿以迎王師。湯雖不往，不可得矣。文王之時，紂猶有天下三分之一，民猶以爲君，則文王安得而不事之？至於武王而『受罔有悛心』，賢人君子不爲所殺，則或爲囚奴、或去國。紂之在天下爲一夫矣，故武王誅之，亦不得已也。孟子不云：『取之而燕民不悦，則勿取。古之人有行之者，文王是也。取之而燕民悦，則取之。古之人有行之者，武王是也。』由此觀之，湯非樂爲任，而文王非樂爲清也，會逢其適而已。」

孟子與人君言，❶皆所以擴其善心而革其非，不止就事論事。如論齊王之愛牛而曰「是心足以王」，論王之好樂而使之與百姓同樂，論王之好貨、好色、好勇而陳周之先王之事。若使爲人臣者論事每如此，而其君肯聽，豈不能堯舜其君？

又曰：「孟子對人君論事，句句未嘗離仁，此所謂王道也。」曰：「安得句句不離乎仁？」曰：「須是知一以貫之之理。」曰：「一以貫之，仁足以盡之否？」曰：「孟子固曰一者何，曰仁也。仁之用大矣。今之學者，仁之體亦不曾體究得。」

齊王顧鴻鴈麋鹿以問孟子，孟子因以爲「賢者而後樂此」。至其論文王、夏桀之所以異，則獨樂不可也。世之君子，其賢者乎，則必語王以憂民，而勿爲臺沼、苑囿之觀，是拂其欲也。其佞者乎，則必語王以自樂，而廣其侈心，是縱其欲也。二者皆非能引君以當道。唯孟子之言，常於毫髮之間剖析利害之所在，使人君化焉而不自知。夫如是，其在朝廷則可以格君心之非，而其君易行也。

或曰：「居今之世，去就之際，不必一一中節。欲其皆中節，則道不得行矣。」曰：「何其不自重也！枉

---

❶ 「孟子與人君言」以下五則，正德本無。

己者其能直人乎？古之人寧道之不行，而不輕其去就。如孔、孟雖在戰國之時，其進必以正，以至終於不得行而死是矣。顧今之世，獨不如戰國之時乎？使不恤其去就可以行道，孔、孟當先爲之矣。孔、孟豈不欲道之行哉？」

或曰：「以術行道而心正，如何？」曰：「謂之君子，豈有心不正者？當論其所行之是否爾。且以術行道，未免枉己。與其自枉，不若不得行之愈也。」

宋牼以利説秦、楚，使之罷兵，以息兩國之争，❶其心未爲過也。然孟子力抵之，蓋君子之事君，其説不可惟利之從。❷苟惟利之從，則人君所見者，利而已。彼有軋吾謀者，其説又利於我，吾説必見屈矣。故不若與之談道理，道理既明，人自不能勝也。所謂道理之談，❸孟子之仁義是也。王、霸之佐，其義、利之間乎！一毫爲利，則不足爲王矣。❹後世道學不明，人以顔子、伯夷只作一節之士，若孟子之論，則是兩人者，豈清修介潔者耶？如伯夷直許之以朝諸侯、一天下，顔子直許之以禹、稷之事。

方太公釣於渭，不遇文王，特一老漁父耳。及一朝用之，乃有鷹揚之勇。非文王有獨見之明，誰能知

---

❶「使之罷兵以息兩國之争」，正德本作「使罷兵息争」。

❷「其説」二字，正德本無。

❸「所謂」二字，正德本無。

❹「一毫爲利則不足爲王矣」十字，正德本無。

之？學者須體此意，然後進退隱顯，各得其當。

或曰：「德而已矣，奚取於聰明？」曰：「徒取其德，或有有德而不聰明者，如此則人得以欺罔之，何以濟務？故《書》稱堯、舜、禹、湯、文、武，皆言其聰明，爲是故也。」

黄叔度學充其德，雖顏子可至矣。

一介之與萬鍾，若論利，則有多寡，若論義，其理一也。伊尹惟能一介知所取與，故能禄之以天下弗顧，繫馬千駟弗視。自後世觀之，則一介不以予人爲太吝，一介不以取諸人爲太潔。然君子之取予，適於義而已。予之嗇，取之微，雖若不足道矣，然苟害於義，又何多寡之間乎？❶孔子於公西赤之富，不恤其請；於原憲之貧，不許其辭，此知所予者也。孟子言非其道，則一簞食不可受於人；如其道，則舜受堯之天下，不以爲泰，此知所取者也。

孟子稱舜「象憂亦憂，象喜亦喜」，此語最宜味之。夫舜之意，唯恐不獲於象也，則象喜舜自喜。夫豈有僞乎？是之謂「不藏怒，不宿怨」。

問：「象日以殺舜爲事，而舜終不爲所殺。何也？」曰：「堯在上，天下豈容有殺兄者乎？此語自是萬章所傳之謬。據《書》所載，但云『象傲』而已。觀萬章之言，傲何足以盡之。其言殺舜之時，堯已妻之二女，又使其子九男、百官皆事舜於畎畝之中，象必不敢。但萬章所問，其大意不在此，故孟子當時亦不暇辨。」

---

❶「又何多寡之間乎」，正德本作「又何問多寡」。

孟子言舜之怨慕，非深知舜之心不能及此。據舜惟患不順於父母，不謂其盡孝也。《凱風》之詩曰：「母氏聖善，我無令人。」孝子之事親如此。此孔子所以取之也。孔子曰：「君子之道四，丘未能一焉。」若乃自以爲能，則失之矣。❶

顔子所學，學舜而已。蓋舜於人倫，無所不盡也：以爲父子，盡父子之道；以爲君臣，盡君臣之道；以爲夫，盡夫道；以爲兄，盡兄道。此孟子所謂「舜爲法於天下，可傳於後世」者也。孟子所憂，亦憂不如舜耳。人能以舜爲心，其學不患不進。

問：「『將順其美』，❷後世之説或成阿諛，恐是引其君以當道？」曰：「然。此正如孟子所謂『是心足以王』。若曰『以小易大』，則非其情。以謂『見牛未見羊』，而欲以羊易牛，乃所以爲仁，引之使知王政之可爲，是謂『將順』。」又曰：「詳味此一章，可見古人事君之心。」

韓信用兵，在楚漢之間則爲善矣。方之五霸，已自不及，以無節制故也。如信之軍脩武，高祖即其卧内奪之印，易置諸將，信尚未知，此與棘門、霸上之軍何異？但信用兵能以術驅人，使自爲戰。當時亦無有以節制之兵當之者，故信數得以取勝也。王者之兵未嘗以術勝人，然亦不可以計敗。後世惟諸葛亮、李靖爲知兵。如諸葛亮已死，司馬仲達觀其行營軍壘，不覺歎服。而李靖惟以正出奇，此爲得法制之意，而不務僥

❶ 「孔子曰」至「失之矣」二十三字，正德本無。

❷ 「問將順其美」一則，正德本無。

倖者也。古人未嘗不知兵，如《周官》之法，雖坐作進退之末，莫不有節。若平時不學，一旦緩急，何以應敵？如此則學者於行師御衆、戰陣營壘之事，不可不講。

史言成安君「儒者」，故爲韓信所勝。成安君豈真儒者哉？若真儒必不爲韓信所詐。如曰「吾行仁義」云耳，人得而罔之，是木偶人也。夫兵雖不貴詐，亦人所不得而詐，然後爲善。觀戰國用兵中原之戰也，若今之用兵禦夷狄耳。力可以戰則戰，勢利於守則守，來則拒之，去則勿追，則邊鄙自然無事。今乃反挑之，且侵其地，已非理矣。其決勝必取，而至於用狙詐也，又何足怪？若賢將必不以窮鬬遠討爲事，何用狙詐？蓋夷狄之戰與中原之戰異，夷狄難與較曲直是非，惟恃力耳，但以禽獸待之可也。以禽獸待之，如前所爲是矣。

問：「今之爲將帥者，不必用狙詐固是，柰兵官武人之有智畧者，莫非狙詐之流，若無狙詐，如何使人？」曰：「君子無所往而不以誠，但至誠惻怛，則人自感動。」曰：「至誠惻怛可也，然今之置帥，朝除暮易。若以至誠爲務，須是積久，上下相諳，其效方見。卒然施之，未必有補。」曰：「誠動於此，物應於彼，速於影響，豈必在久？如郭子儀守河陽，李光弼代之，一號令而金鼓旗幟爲之精明。此特其號令各有體耳。推誠亦猶是也。」

正叔先生過范堯夫治所，謂堯夫曰：「聞公有言『作帥當使三軍愛之如父母』，是否？」曰：「然。非歟？」曰：「公第能言之耳，未必能行也。」曰：「何以言之？」曰：「聞舊帥方卒，公始代之，便設筵張樂犒軍，此所以知公之必不能使三軍愛之如父母也。」曰：「當時自合打散，設筵張樂却是錯？」曰：「打散亦不可。

彼卒伍之所利者，財食也。使其不得財食，則知新帥之所以不給賜財食者，爲舊帥之亡也。夫舊帥亦父母也，今其亡未久而給賜如常，卒伍之愚，忘其上以此耳。然則不能使之觀舊帥如父母，則必不能使之以我爲父母矣。」堯夫是日追送正叔曰：「若不遠出，不聞此言。」

祖宗能用人命，故太祖嘗曰：「我以一縑易一胡人首，不過十萬，匈奴之衆可盡。」唯能如此，此所以能取天下。今獲一劫盜，亦須以數十千賞之，若只使一縑欲易一胡人首，人必不爲用。唯不能用人命，此所以必至於厚賞也。觀祖宗時，江南擅强，河東未服，兩浙、川、廣尚守巢穴。方是時，所有財賦，特中原之地耳。其聚斂科配，❶蓋不若今之悉也。其後祖宗削平僭亂，只用所有，不患乏財。使如今日厚賞，安能取天下？

陸宣公當擾攘之際，説其君未嘗用數，觀其奏議可見。欲論天下事，當以此爲法。宣公在朝，自以不恤其身，知無不言，言無不盡。至於遷貶，唯杜門集古方書而已。可謂知進退者。

吕晦叔真大人，❷其言簡而意足。孫莘老嘗言裕陵好問，且曰：「好問則裕。」晦叔曰：「好問而裕，不若聽德而聰。」人有非劉向强聒而不舍者，吕晦叔曰：「劉向貴戚之卿。」此語可謂忠厚。然向之眷眷於漢室而不忍去，則是也。至於上變論事，亦可謂不知命矣。

問：「以匹夫一日而見天子，天子問焉，盡所懷而陳之，則事必有窒礙者，不盡則爲不忠。如何？」曰：

---

❶ 「配」，正德本、萬曆本作「派」。

❷ 「吕晦叔真大人」一則，正德本無。

「事亦須量深淺。孔子曰：『信而後諫，未信則以爲謗己也。』《易》之《恒》曰『浚恒凶』，此恒之初也。故當以漸而不可以浚，浚則凶矣。假如問人臣之忠邪，其親信者誰歟？遽與之辨别是非，則有失身之悔。君子於此，但不可以忠爲邪，以邪爲忠，語言之間故不無委曲也。至於論理則不然，如惠王問孟子『何以利吾國』，則當言『何必曰利』。宣王問孟子『卿不同』，則當以正對。蓋不直則道不見故也。世之君子，其平居談道甚明，論議可聽，至其出立朝廷之上，則其行事多與所言相戾，至有圖王而實霸，行義而規利者，蓋以其學得之文字之中，而未嘗以心驗之故也。若心之所得，則曰吾所以爲己而已。是故心迹常判而爲二。心迹既判而爲二，故事事違其所學。」

人臣之事君，❶豈可佐以刑名之説？如此是使人主失仁心也。人主無仁心，則不足以得人，故人臣能使其君視民如傷，則王道行矣。

或曰：「特旨乃人君威福之權，不可無也。」曰：「不然。古者用刑，王三宥之。若案法定罪而不敢赦，則在有司。夫惟有司守法而不敢移，故人主得以養其仁心。今也法不應誅，而人主必以特旨誅之，是有司之法不必守，而使人主失仁心矣。」

荆公在上前争論，或爲上所疑，則曰：「臣之素行，似不至無廉耻，如何不足信？」且論事當問事之是非利害如何，豈可以素有廉耻劫人使信己也？夫廉耻在常人足道，若君子更自矜其廉耻，亦淺矣。蓋廉耻自

---

❶「人臣之事君」一則，正德本無。

君子所當爲者。如人守官曰「我固不受贓」，不受贓豈分外事乎？

理財、作人兩事，❶其説非不善，然世儒所謂理財者務爲聚斂，而所謂作人者起其奔競好進之心而已。《易》之言「理財」，《詩》之言「作人」，似不如此。

《周官》「平頒其興積」，説者曰：「無問其欲否，概與之也。」故假此爲青苗之法，當春則平頒，秋成則入之，又加息焉。以謂不取息，則舟車之費、鼠雀之耗、官吏之俸給，無所從出，故不得不然。此爲之辭耳。先王省耕斂而爲之補助，❷以救民急而已。方其出也，未嘗望入，豈復求息？取其息而曰非以漁利也，其可乎？孟子論法，以謂「凶年，糞其田而不足，則必取盈焉」，使民「終歲勤動，不得以養其父母，又稱貸而益之」，是爲不善。今也無問其欲否而頒之，亦無問年之豐凶而必取其息，不然則以刑法加焉。《周官》之意果如是乎？

朝廷設法賣酒，所在吏官遂張樂集妓女以來小民，此最爲害教。而必爲之辭曰「與民同樂」，豈不誣哉？夫誘引無知之民，以漁其財，是在百姓爲之，理亦當禁，而官吏爲之，上下不以爲怪，不知爲政之過也。且民之有財，亦須上之人與之愛惜。不與之愛惜，而巧求暗取之，雖無鞭笞以强民，其所爲有甚於鞭笞矣。余在潭州瀏陽，方官散青苗時，凡酒肆食店與夫俳優戲劇之罔民財者，悉有以禁之。散錢已，然後令如故。官賣酒，舊嘗至是時亦必以妓樂隨處張設，頗得民利。或以請，不許。往往民間得錢，遂用之有方。

---

❶「理財作人兩事」以下四則，正德本無。

❷「王」，原作「生」，據文淵閣四庫全書本《龜山集》改。

《常平法》：州縣寺舍歲用有餘，則以歸官，賑民之窮餓者。余爲瀏陽日，方爲立法，使行旅之疾病飢踣於道者，隨所在申縣，縣令寺舍飲食之，欲人之入於吾境者，無不得其所也。其事未及行而余以罪去官，至今以爲恨。

錢塘内造什物，守臣不知其數，恣宦官所爲，至數年未已，傷財害民，莫此爲甚。使其器用一一得以奉御，兹固無嫌。其實公得其一，私得其十。其十者，非以自奉，則過爲奇技淫巧，以自獻於上與夫宫嬪之貴幸者。此弊尤不可言。使予守錢塘，必先奏上乞降所造之數，付有司爲之以進，庶幾宦官不得容其姦。是雖於事未有大補，亦守臣安百姓、節國用之一端也。如此而得罪，則有名矣。

或勸先生解經。曰：「不敢易也。曾子曰：『吾日三省吾身，爲人謀而不忠乎？與朋友交而不信乎？傳不習乎？』夫傳而不習，以處己則不信，以待人則不忠，三者胥失也。昔有勸正叔先生出《易傳》示人者，正叔曰：『獨不望學之進乎？姑遲之，覺耄即傳矣。』蓋已耄，則學不復進故也。學不復進，若猶不可傳，是其言不足以垂後矣。六經之義，驗之於心而然，施之於行事而順，然後爲得。驗之於心而不然，施之於行事而不順，則非所謂經義。今之治經者，爲無用之文，徼幸科第而已，果何益哉？」

今所謂博學者，特通歷代之故事而已。必欲取堯、舜、三代之法，兼明而默識之，以斷後世所爲之中否而去取焉，蓋未能也。孟子之學，蓋有以爲不足學而不學者矣。若諸侯之禮是也。未有當學而不學者也。❶余觀

❶「若諸侯之禮」至「學者也」十六字，正德本、萬曆本皆無。

熙寧、元豐之君子，皆通曉世務，而所取以爲證者，秦漢以下之事而已。故有爲秦漢以上之説者與之争，輒不勝。若今之論事者，多以三代爲言，其實未必曉。有能以三代之法一一與之剖析是非，有不戰而自屈者。然此須深知三代致治之意方可。若《周官》之書，先王經世之務也，不可不講。若有意於世，須是事事明了，胸中無疑，方能濟務。如馬周以一介草茅言天下事，若素宦於朝。若非嘗學來，安得生知？因論馬周言事，每事須開人主一線路，終是不如魏徵之正。❶如諫太宗避暑事親之道，甚善。然又曰："鑾輿之出有日，不可遽止，願示還期。"若事非是，即從而止之，何用如此？此正孟子所謂"月攘一雞"者，豈是以堯、舜望其君乎？

褚遂良修起居注，唐太宗曰："朕有不善，亦當記之乎？"或爲之言曰："借使遂良不記，天下亦當記之。"曰："此語亦善。但人主好名，則可以此動之耳，未盡也。夫君子居其室，出其言善，則千里之外應之；出其言不善，則千里之外違之。故言行，君子之樞機，不可不慎。縱使史官不記，而民之應違如此，雖欲自掩其不善，其可得乎？"

試教授宏辭科，❷乃是以文字自售。古人行己，似不如此。今之進士，使豪傑者出，必不肯就。然以謂舍此則仕進無路，故爲不得已之計。或是爲貧，或欲緣是少試其才，既得官矣，又以僥求榮達，此何義哉？

❶ "徵"，原作"證"，據正德本改。
❷ "試教授宏辭科"一則，正德本無。

龜山先生語録卷第二

朝廷立法：臺察不許言天下利害，諫官不許論人才。命爲臺諫，是使之言也，而又禁之，何理哉？如命以中書舍人，或升黜不當，繳還詞頭，則更屬他中書舍人爲之。命以給事中，或有必行之事，則不復過門下。而所謂中書舍人、給事中者，亦更不整理。且如此是不得其職矣，不得其職則當去。而今之君子安爲之，其義焉在？常平司有支用，雖是勑取，法當執奏。近又免執奏之法，關防甚密，何可免也？使吾輩得爲常平官，如此等事亦當辨明，則知今之要路大抵難處也。先王之時，工執藝事以諫。自此推之，則當是時，凡有職者皆得執其事以諫矣。若人人有職事，皆能思其利害以諫，法度何憂不完？政事何憂不成？且古者百工猶能信度以申其説，而今之侍從、監司，蓋内外之達官，人主所親信者，反未嘗知諫。此又何理也？❶

「天生聰明時乂。」所謂「天生」者，因其固然而無作之謂也。無所作聰明，是謂憲天聰明。❷憲天云者，任理而已矣。故伊尹曰：「視遠惟明，聽德惟聰。」知此然後可與論人君之聰明矣。或曰：「爲人君須聰明有

❶「理」，正德本無。

❷「聰明」二字，正德本無。

以勝人，❶然後可以制人而止其亂。」曰：「天聰明，期於勝人，非也。如人聽訟，必欲即揣知其情狀是非，亦或屢中。若不任理，只是臆度而已，非所謂聰明。故孔子曰：『聽訟，吾猶人也，必也使無訟乎！』人君如不聽德，每事即揣知情狀是非，所中雖多，失人君之道矣。謂之不聰明可也。」

作詩不知風雅之意，不可以作詩。詩尚譎諫，唯言之者無罪，聞之者足以戒，乃爲有補。若諫而涉於毀謗，聞者怒之，何補之有？觀蘇東坡詩只是譏誚朝廷，殊無温柔敦厚之氣。以此，❷人故得而罪之。若是伯淳詩，❸則聞之者自然感動矣。因舉伯淳《和温公諸人禊飲詩》云「未須愁日暮，天際乍輕陰」，又《泛舟詩》云「只恐風花一片飛」，何其温厚也。

《考槃》之詩言「永矢弗過」，説者曰「誓不過君之朝」，非也。矢，陳也。亦曰「永」，言其不得過耳。昔者有以是問常夷甫之子立，立對曰：「古之人蓋有視其君如寇讎者。」此尤害理。何則？孟子所謂「君之視臣如犬馬，則臣視君如寇讎」，以爲君言之也。爲君言，則施報之道，此固有之。若君子之自處，豈處其薄乎？孟子曰：「王庶幾改之，予日望之。」君子之心蓋如此。《考槃》之詩，雖其時君使賢者退而窮處爲可罪，夫苟

---

❶「人」，正德本無。
❷「以此」二字，正德本無。
❸「是」，正德本無。

一日有悔過遷善之心，復以用我，我必復立其朝，何終不過之有！大抵今之説《詩》者，❶多以文害辭。非徒以文害辭也，又有甚者，分析字之偏傍以取義理，如此豈復有《詩》？孟子引「天生蒸民，有物有則，民之秉彝，好是懿德」，曰：「故有物必有則，民之秉彝也，故好是懿德。」其釋《詩》也，於其本文加四字而已，而語自分明矣。今之説《詩》者，殊不知此。

郭汾陽不問發墓之人，雖古之齊物我者不能過。

問：「謝安屐齒折事，識者不信，是否？」曰：「此事未必無，但史於此亦失之臆度，安知其非偶然乎？若破賊而喜，在謝安固不足怪，然屐齒必不爲一時遑遽而致折也。」

或謂：「人當無利心，然後爲君子。」曰：「以此自爲可也，以此責人，恐不勝責矣。人但能於得處知辨義理，亦自難得。故孔子以『見利思義』稱成人，而以『見得思義』稱士焉，此其辨也。」

物有圭角，多刺人眼目，❷亦易玷闕，故君子處世，當渾然天成，則人不厭棄矣。

溝洫之量不可以容江河，江河之量不可以容滄海，有所局故也。若君子則以天地爲量，何所不容？有能捐一金而不顧者，未必能捐十金。能捐十金而不顧者，未必能捐百金。此由所見之熟與不熟，非能真知其義之當與否也。若得其義矣，雖一介不妄予，亦不妄取。

---

❶「大抵」二字，正德本無。
❷「多」，正德本無。

世之事鬼神所以陷於淫諂者，皆其不知鬼神之情狀、祭祀之深意也。學者當求知之。漢儒言「祖有功，宗有德，不毁，所以勸也」。曰：非也。子孫之祭其親，豈爲其功德而後祭之乎？若以爲有功德然後祭，是子孫得揀擇其祖宗而尊之也，豈事親之道哉？秦少游以韋玄成爲腐儒，惡其建毁廟之議，其説曰：「君子將營宫室，宗廟爲先，廄庫爲次，居室爲後。夫營之先親而後身，則毁之先身而後親可知矣。漢之離宫别館，長楊、五柞已大侈靡，未聞其毁。乃取韋玄成毁廟之説亟行之，此元帝寢疾所以夢祖譴責也。其後又復，豈終可改乎？」曰：審宗廟也，則不容以所未嘗毁者而毁之矣。先王之禮，天子祭天地，諸侯祭社稷。父爲士，子爲大夫，葬以士，祭以大夫；父爲大夫，子爲士，葬以大夫，祭以士；支子不祭，有事則祭于宗子之家，明非繼體也。如是，則祭與不祭，皆不可苟矣。漢之廟在郡國，蓋以千數，歲時皆諸侯王主祭，豈古禮哉？使漢祖宗有靈，當不享矣。立無度之廟，致不享之祭，以此事神，尚不欲毁邪？以夢寐而復，既未知鬼神之情狀，引之爲證，其説陋矣！且誠如所論，先王當行之矣。先王豈不敬神哉？

耳餘之交，❶相責之深，相知之淺耳，故不終。

知合内外之道，則顔子、禹、稷之所同可見。蓋自誠意、正心推之，至於可以平天下，此内外之道所以合也。故觀其意誠、心正，則知天下由是而平。觀其天下平，則知非意誠、心正不能也。玆乃禹、稷、顔回之所以同也。

---

❶「耳餘之交」以下五則，正德本無。

問：「『師也辟』，何以見？」曰：「《語》云：『堂堂乎張也，難與並爲仁矣。』蓋幾於辟。然此其初也，學於孔門者，皆終有進焉。若子張後來論交曰：『我之大賢歟，於人何所不容？』此豈介僻之流？」

孟子曰：「人之有四端，猶其有四體也。」夫四體與生俱生，身體不備謂之不成人，闕一不可，亦無先後之次。老子言：「失道而後德，失德而後仁，失仁而後義，失義而後禮。禮者，忠信之薄。」是特見後世爲禮者之弊耳。先王之禮本諸人心，所以節文仁義是也。顧所用如何，豈有先後？雖然，老子之薄而末之者，其意欲民還淳反樸，以救一時之弊而已。夫果能使民還淳反樸，不亦善乎？然天下豈有此理？夫禮，文其質而已，非能有所增益也。故禮行而君臣父子之道得。使一日去禮，則天下亂矣。若去禮，是去君臣父子之道也，而可乎？唯不可去，此四端所以猶人之有四體也。

今學者將仁小却，故不知求仁。孔子曰：「若聖與仁，則吾豈敢？」孔子尚不敢當，且罕言之，則仁之道不亦大乎！然則所謂合而言之道也，何也？曰：由仁義行，則行仁義，所謂合也。《洪範傳》曰：「道萬物而無所由，命萬物而無所聽，唯天下至神爲能與於此。」此爲不知道與命也。孔子之言道曰：「誰能出不由户？何莫由斯道也？」其言命曰：「道之將行也歟？命也。道之將廢也歟？命也。」夫道非能使人由之，命非能使人聽之，人自不能違耳。聖人雖至神，以謂體道而至於命則可也，若曰無所由、無所聽，將焉之乎？且聖人未嘗不欲道之興，以無可奈何，故委之於命。如使孔子必可以爲周公之事，其不爲之乎？可爲而不爲，則是欲道之廢矣，豈孔子之心哉？故曰「道萬物而無所由，命萬物而無所聽」者，不知道與命之言也。又《洪範傳》論水、火、金、木、土，❶自然之數，配諸人之一身，皆有先後之序。此有序乎？夫五行在天地之間，有則俱有，故曰闕一不可。今曰有水然後有火，有火然後有木，有木然後有金，有金然後有土，雖常人皆知其不然矣。然則謂精神魂魄意爲有序，失之矣。

或問：「臺諫官如何作？」曰：「《剥》之《象》曰：『不利有攸往，小人長也。順而止之，觀象也。君子尚消息盈虚，天行也。』夫君子之於小人，方其進也，不可以驟去。觀《剥》之象，斯可見矣。《剥》坤下而艮上，坤，順也。艮，止也。此天理之不可易者也。順而止之，其漸而非暴之謂乎？陰陽之氣，消息盈虚，必以其漸，君子所尚蓋在於此。」❷

君子之治心、養氣、接物、應事，❸唯直而已，直則無所事矣。康子饋藥，孔子既拜而受之矣，乃曰：「丘未達，不敢嘗。」此疑於拂人情，然聖人慎疾，豈敢嘗未達之藥？既不敢嘗，則直言之，何用委曲？微生高乞鄰醯以與人，是在今之君子蓋常事耳。顧亦何害？然孔子不以爲直，以所以辭康子之言觀之，信乎其不直也。《維摩經》云：「直心是道場。」儒佛至此，實無二理。學者必欲進德，則行己不可不直。蓋孔子之門人皆於其師無隱情者，知直故也。如宰我短喪之問之類。

❶「又洪範」以下，萬曆本另起爲一則，無「又」字。
❷「蓋」「於」，正德本無。
❸「君子之治心」以下六則，正德本無。

范濟美問：「讀《論語》，以何爲要？」曰：「要在知仁。孔子説仁處最宜玩味。」曰：「孔子説處甚多，尤的當是何語？」曰：「皆的當。但其門人所至有不同，故其答之亦異。只如言『剛毅木訥近仁』，自此而求之，仁之道亦自可知。蓋嘗謂曾子在孔門，當時以爲魯。魯者學道，尤宜難於他人。然子思之《中庸》，聖學所賴以傳者也。考其淵源，乃自曾子，則傳孔子之道者，曾子而已矣，豈非魯得之乎？由此觀之，聰明辨智未必不害道，而剛毅木訥信乎於仁爲近矣！」

呂吉甫解《孝經》義，首章云：「是曾子力所不能問，故孔子以其未曉而盡告之。」❶曰：「豈有人未之曉而可以盡告之乎？觀孔子門人，問爲邦者惟顔子一人，其他敢爲國者尚少。今《孝經》所論，上自天子，下至庶人，無不及者。若其力有未至而盡告之，在孔子爲失言，於曾子爲無益。豈聖賢教與學之道哉？孔子云『參也魯』，蓋其初時。而後語之以『一以貫之』，曾子於此默喻，則其所得深矣。猶以爲魯，是學於孔門者獨無所進乎？觀《論語》所載曾子將死之言，孟子推明不事有若之意，又詳考子思、孟子傳道之所自，是特以魯終其身者耶？學有所患，❷在守陳編而不能斷以獨見之明，此其於古人是非所以多失之也。」

❶「未曉」二字，原闕，據萬曆本補。

❷「有」，疑當作「者」。

京師所聞丙戌四月至六月

李似祖、曹令德問：「何以知仁？」曰：「孟子以惻隱之心爲仁之端，平居但以此體究，久久自見。」因問似祖、令德尋常如何説「隱」。似祖云：「如有隱憂，勤恤民隱，皆疾痛之謂也。」曰：「孺子將入於井，而人見之者必有惻隱之心。疾痛非在己也，而爲之疾痛，何也？」似祖曰：「出於自然，不可已也。」曰：「安得自然如此？若體究此理，知其所從來，則仁之道不遠矣。」二人退，余從容問曰：「萬物與我爲一，其仁之體乎？」曰：「然。」

問：「《論語》言仁處，何語最爲親切？」曰：「皆仁之方也。若正所謂仁，則未之嘗言也。故曰『子罕言利與命與仁』。要道得親切，唯孟子言『仁，人心也』最爲親切。」

豐尚書稷嘗言：「少時見雪竇教人惜福云：『人無壽夭，禄盡則死。』昔元厚之死而復生，於陰府見主吏，謂之曰：『君禄未盡，他時官至兩府，然須惜福，乃可延年。』厚之一生，雖一杯飯亦必先減而後食，其餘奉養皆不敢過，故身爲執政，壽逾七十。雪竇之言於是可驗。今日貴人相高以侈，視其費用，皆是無益，畢竟何補？」公聞之，曰：「此猶以利言也。若以義言之，則簞食、萬鍾，顧吾所得爲者如何耳。」

吴審律儀勸解《易》。曰：「《易》難解。」曰：「及今可以致力，若後力衰，却難。」曰：「某嘗觀聖人言《易》，便覺措辭不得。只如乾、坤兩卦，聖人嘗釋其義於後，是則解《易》之法也。《乾》之初九『潛龍勿用』，釋云：『陽在下也。』又曰：『龍德而隱者也。』又曰：『下也。』又曰：『陽氣潛藏。』又曰：『隱而未見，行而未成。』此一爻耳，反覆推明，至五變其説然後已。❶ 今之釋者，其於他卦能如是推明乎？ 若不能爾，則一爻之義只可用之一事。《易》三百八十四爻，爻指一事，❷則是其用止於三百八十四事而已。❸ 如《易》所該，其果極於此乎？❹ 若三百八十四事不足以盡之，則一爻之用不止於一事亦明矣。 觀聖人於《繫辭》，發明卦義尚多，其説果如今之解《易》者乎？ 故某嘗謂説《易》須髣髴聖人之意，然後可以下筆。 此其所以未敢苟也。」

問：「邵堯夫云：『誰信畫前元有易？ 自從删後更無詩。』畫前有易，何以見？」曰：「畫前有易，其理甚微，然即用孔子之已發明者言之，未有畫前，蓋可見也。 如云神農氏之耒耜，蓋取諸益。 日中爲市，蓋取諸噬嗑。 黄帝、堯、舜之舟楫，蓋取諸涣。 服牛乘馬，蓋取諸隨。 益、噬嗑、涣、隨，重卦也。 當神農、黄帝、堯、舜之時，重卦未畫，此理真聖人有以見天下之賾，故通變以宜民，而易之道得矣。 然則非畫前元有易乎？」

問：「《墻有茨》之詩，若以爲勸戒，似不必存。」曰：「著此者，欲知此惡不可爲耳。 所以不可爲，以行無隱而不彰，雖幽闇深僻之中，人亦可以知其詳也。❺ 人之爲惡，多以人莫之知而密爲之，然終不能掩。 密爲之者，其初心也。 至於不能掩，蓋已無如之何耳，豈其所欲哉？ 此君子所以『戒慎乎其所不睹，恐懼乎其所

---

❶ 「然後已」三字，正德本無。
❷ 「爻指一事」四字，正德本無。
❸ 「是」，正德本無。
❹ 「如易」至「此乎」十字，正德本無。
❺ 「可以」二字，正德本無。

不聞』也。」

自非狙詐之徒，❶皆知義足以勝利，然不爲利疚而遷者幾希。如管仲亦知義，故其所爲多假義而行。自王者之迹熄，天下以詐力相高，故常溺於利而不知反。由孔子而後，爲天下國家不以利言者，唯孟子一人守得定。

「九月丁卯，子同生。」曰：「子同者，正名其爲桓公之子也。《猗嗟》之《詩序》曰：『人以爲齊侯之子。』其詩曰『展我甥兮』，則明莊公非齊侯之子矣。以經考之，莊公之生，桓公之六年也。至十八年始書『夫人姜氏遂如齊』。而《左傳》因載申繻之諫與桓公適齊之事，則前此文姜蓋未嘗如齊也。未嘗如齊，而人以莊公爲齊侯之子，《春秋》安得而不辨乎？此《春秋》所以爲别嫌明微也。」

閔二年，書「鄭棄其師」，觀《清人》之《詩序》可見矣。文公惡高克，使之將兵禦狄，久而不召，遂使衆散而歸，豈非棄其師乎？蓋惡其人而使之將兵以外之。兵何罪？故止罪鄭。

「齊桓公攘戎狄而封衛，未嘗請命于天子而專封之也。故《春秋》書『城楚丘』而不言其封衛，蓋無取焉。然則《木瓜》美桓公，孔子何以取之？」曰：「《木瓜》之詩，衛人之詩也。衛爲狄所滅，桓公救而封之，其恩豈可忘也？欲厚報之，不亦宜乎？在衛人之義，不得不以爲美，其取之也，以衛人之義而已。若《春秋》褒貶，示天下之公，故無取。」

---

❶「自非狙詐之徒」一則，正德本無。

鄭季常作太學博士，言：「養士之道，當先善其心。今殊失此意，未知所以善之之方。」曰：「由今之道，雖賢者爲教官，必不能善人心。」曰：「使荆公當此職，不知如何？」曰：「荆公爲相，其道蓋行乎當年。今日學法，荆公之法也，已不能善之矣。」季常良久曰：「如是，如是！」

與季常言：「學者當有所疑，乃能進德。然亦須着力深，方有疑。今之士讀書爲學，❶蓋自以爲無可疑者，故其學莫能相尚。❷如孔子門人所疑，皆後世所謂不必疑者也。子貢問政，子曰『足食足兵，民信之矣』。子貢疑所可去，答之以『去兵』。於食與信，猶有疑焉，故能發孔子『民無信不立』之説。若今之人問政，使之足食與兵，何疑之有？樊遲問仁，子曰『愛人』。問智，子曰『知人』。是蓋甚明白，而遲猶曰『未達』，故孔子以『舉直錯諸枉，能使枉者直』教之。由是而行之，於智之道不其庶矣乎？然遲退而見子夏，猶申問『舉直錯諸枉』之義，於是又得舜舉臯陶、湯舉伊尹爲證，故仁智兼盡其説。子夏問『巧笑倩兮，美目盼兮』，直推至於曰『禮後乎』然後已。如使今之學者，方得其初問之答，便不復疑矣。蓋嘗謂古人以爲疑者，今人不知疑也，學何以進？」季常曰：「某平生爲學，亦常自謂無疑，今觀所言，方知古之學者善學。」

問：「《中庸》只論誠，而《論語》曾不一及誠，何也？」曰：「《論語》之教人，凡言恭敬忠信，所以求仁而進德之事，莫非誠也。《論語》示人以其入之方，《中庸》言其至也。蓋《中庸》，子思傳道之書，不正言其至，

---

❶「士讀書」三字，正德本無。

❷「尚」，正德本、萬曆本作「當」。

則道不明。孔子所罕言，孟子常言之，亦猶是矣。」

《易》曰：「君子敬以直内，義以方外。」夫盡其誠心而無僞焉，所謂直也。若施之於事，則厚薄隆殺一定而不可易，爲有方矣。敬與義本無二，所主者敬，而義則自此出焉，故有内外之辨。其實義亦敬也，故孟子之言義曰「行吾敬」而已。

問：「孔子許子路升堂，其品第甚高，何以見？」曰：「觀其死猶不忘結纓，非其所養素定，何能爾邪？苟非其人，則遑遽急迫之際，方寸亂矣。」

問：「宰我於『三年之喪』，❶猶有疑問，何也？」曰：「此其所以爲宰我也。凡學於孔子者，皆欲窮究到無疑處方已。『三年之喪』，在他人於此不敢發之，宰我疑以『期』斷，故必求質於聖人，雖被深責，所不辭也。」

四科之目，不盡孔門弟子之賢，非可指爲定論。

揚雄作《太玄》準《易》，此最爲誑後學。後之人徒見其言艱深，其數汗漫，遂謂雄真有得於《易》，故不敢輕議。其實雄未嘗知《易》。

問：「『必有事焉，而勿正，心勿忘，勿助長』，既不可忘，又不可助長，當如何着力？」曰：「孟子固曰『至大至剛，以直養而無害』，則雖未嘗忘，亦不助長。」

❶「問宰我於三年之喪」以下七則，正德本無。

「温、良、恭、儉、讓」，此五者非足以盡孔子。然「必聞其政」者，以此耳。

「毋意」云者，謂無私意耳。若誠意，則不可無也。

所謂「時習」者，如嬰兒之習書點畫，固求其似也。若習之而不似，亦何用習？學者學聖人，亦當如此，大概必踐履聖人之事，方名爲學。習又不可不察，習而不察，與不習同。若今之學者，固未嘗習，而况於察。

問：「何謂『屢空』？」曰：「此顏子所以殆庶幾也。學至於聖人，則一物不留於胸次，乃其常也。回未至此，屢空而已。謂之『屢空』，則有時乎不空。」

「臆則屢中」，❶非至誠前知也，故不足取。

問：「『操則存』，如何？」曰：「古之學者視聽言動無非禮，所以操心也。至於無故不徹琴瑟，行則聞佩玉，登車則聞和鸞，蓋皆欲收其放心，不使惰慢邪僻之氣得而入焉。故曰：『不有博弈者乎？爲之猶賢乎已。』夫博弈非君子所爲，而云爾者，以是可以收其放心爾。說經義至不可踐履處，便非經義。若聖人之言，豈有人做不得處？學者所以不免求之釋、老，爲其有高明處。如六經中自有妙理，却不深思，只於平易中認了。曾不知聖人將妙理只於尋常事說了。」

曾子曰：「士不可以不弘毅。」人須能弘，然後有容。因言陳述古先生云：「丈夫當容人，勿爲人所容。」「旁招俊乂，列于庶位」，宰相之任也。今宰相欲擢任一人，必令登對，然後取旨用之。夫人之賢不肖，

---

❶ 「臆則屢中」以下四則，正德本無。

一見之頃，安能盡知？此蓋起於後世宰相不堪委任之過。

荆公云：「利者，陰也，陰當隱伏。義者，陽也，陽當宣著。」此説源流發於董仲舒，然此正王氏心術之蔽。觀其所爲，雖名爲義，其實爲利。

《春秋》正是聖人處置事處。他經言其理，此明其用。理既明，則其用不難知也。

聖人作處，本分之外不加毫末。故以孔子之聖，孟子止言其「不爲已甚」而已。

或問操心。❶曰：「《書》云『以禮制心』，所謂操也。如顔子克己復禮，最學者之要。若學至聖人，則不必操而常存。揚雄言『能常操而存者，其唯聖人乎』，此爲不知聖人。」論及莊周言天人處，曰：「絡馬首，穿牛鼻，是謂人。」曰：「是亦天也。若絡牛首、穿馬鼻，則不可謂之天。」論《西銘》曰：「河南先生言『理一而分殊』，知其理一所以爲仁，知其分殊所以爲義。所謂分殊，猶孟子言『親親而仁民，仁民而愛物』，其分不同，故所施不能無差等。」或曰：「如是，則體用果離而爲二矣。」曰：「用未嘗離體也。且以一身觀之，四體百骸皆具，所謂體也。至其用處，則屨不可加之於首，冠不可納之於足，則即體而言，分在其中矣。」

「吾從周」，非從其文也，從其損益之意而已。

《易》言「利見」「利用」，而終不言所以利，故孔子罕言利。或謂「死與鬼神，子路所不得而問」，蓋不曉一致之理，故錯認聖人之言。

---

❶ 「或問操心」一則，正德本無。

宰我問三年之喪，❶非不知其爲薄也，只爲有疑，故不敢隱於孔子。只此無隱，便是聖人作處。

問：「伯夷，聖人，猶有隘，何也？」曰：「此自氣稟不同耳。若觀其百世之下聞其風者，頑夫廉，懦夫有立志，此是甚力量？」

餘杭所聞 丁亥三月，自侍下來。❷

周公東征，邦君、御事皆以爲不可，周公徒得十夫之助，決意征之。禹征有苗，會羣后誓之。既已出師，朝廷上下宜無不以爲當者，而益以一言贊之，禹遂振旅而還，而苗亦隨格。豈周公之德不逮禹乎？蓋舜之時，在廷莫非君子，而天下已大治矣。其敢逆命者，獨有苗而已，縱而不治，未足爲害。如必欲誅之，則太平之民自受其病矣。故與其勤師遠伐，不若修德以待其來之爲愈也。若夫三監之叛，其變起王室，非可以夷狄待之也。況又成王幼冲，涖政之初，君子之道不勝小人，不誅而縱之，其禍將不勝救矣。當是之時，雖無十夫之助，周公亦不可已，此所以必征之也。《易》曰「莧陸夬夬，中行无咎」，其舜之事乎！如往年靖州之師，其出固有名，若以舜之事言之，其孰爲得？自靖爲郡，荆湖至今被其害。

問：「『帝乃誕敷文德』，則自班師之後，然後敷之也。『敷文德』之事何以見？」曰：「『舞干羽』是也。古

❶「宰我問三年之喪」以下二則，正德本無。

❷「自侍下來」四字，正德本、萬曆本無。

之時，文武一道，故干戈兵器也，用之於戰陣則爲武，用之於舞蹈則爲文。曰『敷文德』云者，已不爲武備矣。」

「『人之生也直』，是以君子無所往而不用直，直則心得其正矣。以乞醯、證父爲直，不得其正者也。古之於幼子，常示毋誑，所以養其直也。其養之也有素如此。以怨報怨，以德報怨，皆非直也。所謂直者，公天下之好惡而不爲私焉耳。」曰：「如是，則『以德報德』何以辨之？」曰：「所謂德，非姑息之謂也，亦盡其道而不爲私焉耳。若姑息，則不能無私矣。」曰：「人有德於我，不幸而適遇所當施之者，非吾意之所欲，能不少有委曲？如庾公之斯之於子濯孺子，不亦可乎？」曰：「然。」

問：「舜之時，在廷之臣多矣。至傳禹以天下，而禹獨推皋陶，何也？」曰：「舜徒得此兩人而天下已治故也。禹揔百揆而皋陶施刑，内外之治舉矣。古者，兵刑之官合爲一。觀舜之命皋陶，『蠻夷猾夏』是其責也，則皋陶之職所施於外者爲詳。故皋陶雖不可以無禹，而禹亦不可以無皋陶。是以當舜之欲傳位，禹獨推之，餘人不與焉。孟子曰『舜以不得禹、皋陶爲己憂』，而子夏亦言『舜有天下，選於衆，舉皋陶，不仁者遠矣』，蓋有見乎此。」

忠信乃爲進德之基本，❶無忠信則如在虚空中行，德何以進？

問：「孔子於舊舘人之喪，遇於一哀而出涕，遂説驂以賻之，曰：『吾惡夫涕之無從也。』而顔淵死，子哭

❶ 「忠信乃爲進德之基本」二則，正德本無。

之慟，顔路請子之車以爲之槨，而不與，何也？」曰：「遇於一哀而出涕者，不期然而然也。然哀有餘也，故必有以文之，此説驂之禮所由起乎？顔淵死，子曰：『天喪予！天喪予！』則其存亡與之爲一矣，故其哭之也，不自知其慟也。其於此奚以文爲？文非所以施於顔淵，則車之與不與也，惟義所在而已。」

「獲乎上有道，不信乎朋友，弗獲乎上矣；信乎朋友有道，不順乎親，弗信乎朋友矣；順乎親有道，反身不誠，不悦於親矣。」今之君子，欲行道以成天下之務，反不知誠其身。豈知一不誠，它日舟中之人盡爲敵國乎？故曰：「不誠，未有能動者也。」夫以事上則上疑，以交朋友則朋友疑，至於無往而不爲人所疑，道何可行哉？蓋忘機，則非其類可親；機心一萌，鷗鳥舞而不下矣。

《大學》一篇，❶聖學之門户。其取道至徑，故二程多令初學者讀之。蓋《大學》自正心、誠意至治國家、天下，只一理。此《中庸》所謂「合内外之道」也。若内外之道不合，則所守與所行自判而爲二矣。孔子曰：「子帥以正，孰敢不正？」子思曰：「君子篤恭而天下平。」孟子曰：「其身正而天下歸之。」皆明此也。

伊尹所以事君更無回互，唯知忠而已，所以能爲放太甲之事。然如此而天下不疑者，誠意素著故也。因問：「孟子云『有伊尹之志則可』，後世之爲人臣者不幸而適遇此事，而有伊尹之志，不知行得否？若行不得，是伊尹之事不可法於後也。」曰：「若有伊尹之志，其素行足信，何爲不可？但觀蜀先主當時以其子屬諸葛孔明，曰：『嗣子可輔，輔之；如不可輔，君自取之。』備死，孔明操一國之權，當時軍國大務，人材進

---

❶ 「大學一篇」一則，正德本無。

退，唯孔明是聽，而蜀之人亦莫之疑也。蓋孔明自非篡弑之人，其素行足信也。若如司馬懿，其誰信之？伊尹之事，自後世觀之以爲異，其實亦所謂中道。」

問：「成湯放桀，惟有慚德，何也？」曰：「横渠嘗言湯武之功，聖人之不幸也。若論君臣之義，則爲臣而事其君，當使其君如堯舜乃是。既不能使其君如堯舜，至其君得罪於天下而放之，豈其所欲哉？成湯之事，以言順乎天而應乎人，何慚之有？然自人情觀之，既以堯舜之禪爲盡善，則征誅而有天下，安能無愧乎？」

問：「文姜與齊侯淫，詩人以『不能防閑其母』刺莊公。莊公固當深罪乎？」曰：「固可罪也。觀《載驅》之詩言『魯道有蕩』，則魯之君臣蕩然無以禁止之也。夫君夫人之出入，其威儀物數甚矣。❶其曰『齊子夕發』，又何其易乎？禮，婦人幼從父兄，嫁從夫，夫死從子。既曰從子，子乃不能防閑之，恣其淫亂，於誰責而可乎？❷許穆夫人思歸唁其兄而義不得，其賦《載馳》之詩曰『大夫君子，無我有尤』，是雖欲歸不可得也。」曰：「《凱風》何以美孝子？」曰：「『不能安其室』，是求嫁也。嫁猶以正，非如姜氏之淫于齊也。又此詩之所取，特美其負罪引慝而已。若《叔于田》之詩，《序》所謂『不勝其母，以害其弟』，其刺之蓋與《猗嗟》之刺莊公同意。」

---

❶「矣」，正德本作「備」。
❷「而可乎」三字，正德本無。

或曰：❶「吕吉甫云：管仲，今人未可輕議之。如《列子》所載仲論隰朋之爲人，『上忘而下不叛，愧不若黄帝而哀不已若者』。又如《論語》稱管仲『奪伯氏駢邑三百，飯疏食，没齒無怨言』，則其所能所爲可謂高矣。❷如仲者，但不如孔子耳，何可輕議？」曰：「此未見仲小器之實也。若管仲只不如孔子，曾西何以不爲？」

「艮，止也，止其所也」，故《繫辭》曰：「止萬物者莫善乎艮。」又曰：「成言乎艮」，「艮者，萬物之所成終而所成始也」。止於此矣，復出乎震，不終止也。故《艮卦》曰：「時止則止，時行則行。」

「『觀，盥而不薦，❸有孚顒若』，誠意所寓故也。古人脩身、齊家、治國、平天下，本於誠吾意而已。《詩》《書》所言，莫非明此者，但人自信不及，故無其效。聖人知其效必本於此，是以必由也。」或曰：「正心於此，安得天下便平治？」曰：「正心一事，自是人未嘗深知之。若深知而體之，自有其效。觀後世治天下，皆未嘗識此。然此亦惟聖人力做得徹。蓋心有所忿懥、恐懼、好樂、憂患，一毫少差，即不得其正。自非聖人，必須有不正處。然有意乎此者，隨其淺深，必有見效，但不如聖人之效著矣。觀王氏之學，蓋未造乎此。其治天下，專講求法度。如彼脩身之潔，宜足以化民矣，然卒不逮王文正、吕晦叔、司馬君實諸人者，以其所爲無

---

❶「或曰」一則，正德本無。

❷「所爲」，萬曆本作「者亦」。

❸「觀盥而不薦」一則，正德本無。

誠意故也。明道常曰：『有《關雎》《麟趾》之意，然後可以行《周官》之法度。』蓋深達乎此。」因問：「顏子克己，欲正心耶？」曰：「然。」

或問：「經綸天下須有方法，亦須才氣運轉得行？」曰：「《天保》以上治内，《采薇》以下治外，先王經綸之迹也，其效博矣。然觀其作處，豈嘗費力？本之誠意而已。今《鹿鳴》《四牡》諸詩皆在，先王所歌以燕群臣、勞使臣者也，若徒取而歌之，其有效乎？然則先王之用心，蓋有在矣。如《書·堯典》序言『克明俊德』以至『親睦九族』『平章百姓』『協和萬邦』，法度蓋未及也，而其效已臻，『黎民於變時雍』，然後『乃命羲、和，欽若昊天』之事，然則法度雖不可廢，豈所宜先？」

未見《易》而玩《易》之文以言《易》，❶若説得深，即不是聖人作用處；若説得淺，常人之談耳。

因言秦漢以下事，曰：❷「亦須是一一識别得過。欲識别得過，須用着意六經。六經不可容易看了。今人多言要作事須看史，史固不可不看，然六經先王之迹在焉，是亦足用矣。❸必待觀史，未有史書以前，人何以爲據？蓋孔子不存史而作《春秋》，《春秋》所以正史之失得也。今人自是不留意六經，故就史求道

---

❶「見易」，原作「易見」，據萬曆本乙正。
❷「因言秦漢以下事曰」，正德本無「因言」「曰」三字。
❸「是亦足用矣」五字，正德本無。

理，❶是以學愈博而道愈遠。若經術明，自無工夫及之。使有工夫及之，則取次提起一事，使須斷遺處置得行，何患不能識別？」

「『盥而不薦』，初未嘗致物也，威儀、度數亦皆未舉而已。『有孚顒若』，其所以交於神明者，蓋有在矣。」又云：「禮莫重於祭，祭莫重於灌。蓋求鬼神於幽陰之時，未致其文，於此而能致誠以格鬼神，則自灌而往，其威儀、度數足觀矣。若不既其實，❷而徒以繁文從事，何足觀乎？故孔子嘗曰：『禘自既灌而往者，吾不欲觀之矣。』蓋歎時也。《易》曰：『東鄰殺牛，不如西鄰之禴祭。』又曰：『二簋可用享。』其不貴物而貴誠如此。」又云：「古人所以交神而接人，其道一主於誠，初無二也。故曰：『明則有禮樂，幽則有鬼神。』幽明本一理，故所以感之者亦以一理。『聖人以神道設教而天下服』，所謂『神道』，誠意而已。誠意，天德也。」

又云：❸「無誠意以用禮，則所爲繁文末節者，僞而已。故老子絶滅禮學，而曰『忠信之薄，亂之首』也。」

「予欲觀古人之象」，「汝明」，非謂明其禮意也。衣服所以章有德，五服、五章或非其稱，不明孰甚焉？

《棠棣》之言朋友不可相責望，蓋君子恕以處朋友也，若爲人朋友，所以自處則不可爾。《周官》以孝友、睦婣、任恤考人之行，若不可責人，聖人何以制法？夫鄰里鄉黨，力足以相助相持猶不敢不勉，而況於朋

---

❶「理」，正德本無。

❷「既」，萬曆本作「究」。

❸「又云」以下二則，正德本無。

友乎？

問：「所解《論語》『犯而不校』處云『視天下無一物非仁也，故雖犯而不校』，此如『四海皆兄弟』之義看否？」曰：「然。仁者與物無對，自不見其有犯我者，更與誰校？如孟子言『仁者無敵』，亦是此理。」

龜山先生語録卷第三

餘杭所聞

揚雄云「多聞，守之以約；多見，守之以卓」，其言終有病，不如孟子言「博學而詳説之，將以反説約也」爲無病。蓋博學詳説，所以趨約，至於約，則其道得矣。謂之守以約卓於多聞多見之中，將何守？見此理分明，然後知孟子之後其道不傳，知孟子所謂「天下可運於掌」爲不妄。

正心到寂然不動處方是極致。以此感而遂通天下之故，其於平天下也何有？

曾子開不以顏色語言假借人，其慎重爲得大臣之體。於今可以庶幾前輩風流者，惟此一人耳。

「齊、戰在聖人何以慎？」曰：「齊所以事神，戰所以用民命，固當慎也。」曰：「孔子云『我戰則克，祭則受福』。何也？」曰：「此非聖人之言。王者之兵，有征無戰，必也臨事而懼，好謀而成。又敢自謂其能克乎？夫祭之爲道，初不爲致福，故祭祀不祈。君子於其親，春秋祭祀，以時思之。其他所祭，報本反始而已，何求福之有？」又曰：「『武王三分天下有其二，度德量力，皆足以勝受而無疑焉，而曰『受克予，非朕文考有罪，惟予小子無良』，是不敢必其戰之勝也。而《記》稱孔子之言曰『我戰則克』，必不然矣。」

問：「或謂人主之權，❶當自主持，是否？」曰：「不爲臣下奪其威柄，此固是也。《書》稱湯曰『用人惟己』，而孟子亦曰『見賢焉，然後用之』，則人君之權豈可爲人所分？然孟子之論用人、去人、殺人，雖不聽左右、諸大夫之毀譽，亦不聽國人之公。❷因國人之公是非，吾從而察之，必有見焉而後行，如此則權常在我矣。若初無所見，姑信己意爲之，亦必終爲人所惑，不能固執矣。」

問：❸「或謂衛於王室爲近，懿公爲狄所滅，齊桓公攘戎狄而封之。當是時，夷狄横而中國微，桓公獨能如此，故孔子曰『微管仲，吾其被髮左衽矣』，爲其功如此也。❹觀晉室之亂，胡羯猖獗於中原，當是時，只爲無一管仲，故顛沛如此。然則管仲之功，後世信難及也？」曰：「若以後世論之，其功不可謂不大；自王道觀之，則不可以爲大也。今人只爲見管仲有此，故莫敢輕議，不知孔孟有爲，規模自别。見得孔孟作處，則管仲自小。」曰：「孔孟如何？」曰：「必也以《天保》以上治内，以《采薇》以下治外，雖有夷狄，安得遽至中原乎？如《小雅》盡廢，則政事所以自治者俱亡，四夷安得而不交侵？中國安得而不微？方是時，縱能救之於已亂，雖使中國之人不至被髮左衽，蓋猶賢乎周衰之列國耳，何足道哉！如孟子所以敢輕鄙之者，蓋以

❶「問或謂人主之權」一則，正德本無。

❷「公」下，萬曆本有「是非」二字。

❸「問」，正德本無。

❹「故孔子」至「其功如此」十九字，正德本無。

非王道不行故也。」曰：「然則孔子何爲深取之？」曰：「聖人之於人，雖有毫末之善必録之，而况於仲乎！若使孔子得君如管仲，則管仲之事蓋不暇爲矣。」

問：❶「或謂今世直道難行，必有術焉。若事事要是自立不任道，如何行得？觀周勃、狄仁傑之在漢唐，必須優柔浸灌，蒙恥忍垢，俟時而後發，故功成事遂。如必危言極論，則速禍無補矣。」曰：「學者當以聖王爲師，如周勃何人而可取法？勃之不爲禄、産戮也，幸矣。觀其提北軍而入也，號於衆曰：『爲劉氏者左袒。』此最爲無謀。設使當時吕氏之黨先有以固結衆心，皆爲之右袒，何以處之？非唯皆右袒，只使左右袒者相半，亦不能決勝矣，豈不危乎！」曰：「勃須知衆皆爲劉氏，故爲此説。」曰：「既知其爲劉氏，❷則此説尤爲贅語。爲勃之計，但當問義之所在，以義驅之可也。如當時平、勃兩人俛首以事吕后，其在平則或有謀，在勃驅之爲亂亦固從之矣，此何可保？觀勃初無學術，亦無智略，庸謬人耳。方文帝諭之就國，畏帝以事誅之，至使人以兵甲左右爲衛。若果君命見誅，勃殆將以所自衛者叛乎？此尤可笑也。後之人多以成敗論人物，故如勃者得與忠賢之列，亦可謂幸矣。狄仁傑在武后時，能撥亂反正，謂之社稷臣可也。然亦何嘗挾數任術？觀史氏所載，其議論未嘗不以正。當時但以母子天性之説告武后，其濵於死者亦屢矣。卒至武后怒而言曰：『還汝太子。』夫豈嘗姑務柔從以陰幸事之成乎？孟子曰：『君子創業垂統，爲可繼也。若

❶「問」，正德本無。

❷「其」下，正德本、萬曆本有「皆」字。

夫成功，則天也。』人臣之事君，或遠或近，或去或不去，歸潔其身而已，可也。豈可枉己以求難必之功乎？」又言：「西漢之士多尚權謀，戰國餘俗也。觀高祖時，只有一張子房乃君子人，其他少有可取者。」又言：「班固稱高祖謂『王陵少戇，可以佐陳平，然安劉氏者必勃』，此語蓋未驗也。陳平獨任事甚久，王陵一言而免，終不曾佐得陳平。平獨任亦無變。」

孟子言：❶「人不足與適也，政不足與間也，惟大人爲能格君心之非。」蓋人與政俱不足道，則須使人君心術開悟，然後天下事可循序整頓。然格君心之非，須要有大人之德。大人過人處，只是正己。正己則上可以正君，下可以正人。今之賢者多尚權智，不把正己爲先，縱得好時節，終是做不徹。或謂權智之人亦可以救時，據某所見，正不欲得如此人在人君左右，壞人君心術。」

因言人君喻臺諫言事，「若事當言，可以言否？」曰：「英宗朝傅欽之奏劄子，上不從，因曰：『臺諫有合理會事，却不理會。』欽之曰：『不知方今合理會者是何事？』上曰：『何不言蔡襄？』欽之云：『若襄有罪，陛下何不自朝廷竟正典刑責之？安用臣等言？』上曰：『欲使臺諫言其罪，以公議出之。』欽之云：『若付之公議，臣但見蔡襄辨山陵事有功，不見其罪。臣身爲諫官，使臣受旨言事，臣不敢。』」

因言特旨及御筆行遺事，曰：「仁宗時，或勸云：『陛下當收攬權柄，勿令人臣弄威福。』仁宗曰：『如何收攬權柄？』或曰：『凡事須當自中出，則福威歸陛下矣。』仁宗曰：『此固是，然措置天下事，正不欲自朕出。

---

❶「孟子言」一則，正德本無。

若自朕出，皆是則可，如有不是，難於更改。不如付之公議，令宰相行之。行之而天下以爲不便，則臺諫得言其失，於是改之爲易矣。』據仁宗識慮如此，天下安得不治？人君無心如天，仁宗是也。」

曾子開端嚴可畏，❶有大臣之風。若其輩流雖位崇望重，少不以言語禮貌牢籠人者，殊爲失體。

章郇公在私第，子弟有夜叩門稟事者，公曰：「若是公事，明早來待漏院理會。若是私事，即於堂前夫人處稟覆。」在中書，一日坐處地陷，徐起，使人填之，不以爲怪。家人聞之甚憂，及公還家亦不言。至晚，公與弟虞部者對飲，虞部問公：「今日聞中書地陷，是否？」曰：「中書地何干汝事？」竟不言。前輩大抵有此氣象，卒乍摇撼不動。

爲政要得厲威嚴，❷使事事齊整甚易，但失於不寬，便不是古人作處。孔子言：「居上不寬，吾何以觀之哉？」又曰：「寬則得衆。」若使寬非常道，聖人不只如此説了。今人只要事事如意，故覺見寬政悶人，不知權柄在手，不是使性氣處。何嘗見百姓不畏官人，但見官人多虐百姓耳。然寬亦須有制始得，若百事不管，唯務寬大，則胥吏舞文弄法，不成官府。須要權常在己，操縱予奪，揔不由人，儘寬不妨。伯淳作縣，常於坐右書「視民如傷」四字，云：「某每日常有愧於此。」觀其用心，應是不錯決撻了人。古人於民若保赤子，爲其無知也。常以無知恕之，則雖有可怒之事，亦無所施其怒。無知則固不察利害所在，教之趣利避害，全在保

---

❶ 「曾子開端嚴可畏」一則，正德本無。

❷ 「爲政要得厲威嚴」以下二則，正德本無。

者。今赤子若無人保，則雖有坑穽在前，蹈之而不知。故凡事疑有後害而民所見未到者，當與他做主始得。州縣近令勸誘富民買鹽，勸誘即須有買者。但異時令百姓買鹽，其初亦令勸誘，百姓名一入官，以後便不可脱。爲民父母，豈可暫時罔之，使之終身受其害？

《孟子》一部書，只是要正人心，教人存心養性，收其放心。至論仁、義、禮、智，則以惻隱、羞惡、辭讓、是非之心爲之端。論邪説之害，則曰「生於其心，害於其政」。論事君，則欲格君心之非，正君而國定。千變萬化，只説從心上來。人能正心，則事無足爲者矣。《大學》之脩身、齊家、治國、平天下，其本只是正心誠意而已。心得其正，然後知性之善。孟子遇人便道性善，永叔却言聖人之教人，性非所先。永叔論列是非利害，文字上儘去得，但於性分之内全無見處，更説不行。人性上不可添一物，堯舜所以爲萬世法，亦只是率性而已。所謂率性，循天理是也。外邊用計用數，假饒立得功業，只是人欲之私，與聖賢作處天地懸隔。

問：❶「如管仲之才，使孔子得志行乎天下，還用之否？」曰：「管仲高才自不應廢，❷但紀綱法度不出自他，儘有用處。」曰：「若不使他自爲，或不肯退聽時，如何？」曰：「如此則聖人廢之，不問其才。」因言王道本於誠意，觀管仲亦有是處，但其意别耳。如伐楚事，責之以包茅不貢，其言則是，若其意，豈爲楚不勤王然後加兵？但欲楚尊齊耳。尊齊而不尊周，管仲亦莫之詰也。若實尊周，專封之事，仲豈宜爲之？故孟子

❶「問」，正德本無。
❷「高」，正德本無。

曰「五霸假之也」，蓋言其不以誠爲之也。❶今蘇州朱冲施貧度僧，❷置安樂院，給病者醫藥，人賴以活甚衆。其置物業，則厚其直；及其收息，則視衆人所取而輕之。此皆是好事。只爲其意正在於規利而竊譽於人，故人終不以好人許之。仲尼之門無道桓文之事，而孟子直截不比數之，其意亦猶此也。又言自孟子後，人不敢小管仲，只爲見他不破。近世儒者如荆公，雖知卑管仲，其實亦識他未盡，況於餘人？人知王良羞與嬖奚比而得禽獸，雖丘陵弗爲之意，則管仲自然不足道。又言管仲只爲行詐，故與王者别。若王者，純用公道而已。又言「霸者之民，歡虞如也」。治民使之歡樂，有甚不得？但如所謂「皥皥如」也，則氣象便與霸者之世不同。蓋彼所以致人歡虞，必有違道干譽之事。若王者則如天，亦不教人喜，亦不教人怒。

瑩中言乘舟事最好，然元祐舟不知爲甚椿得太重，及紹聖時不知却如何亦偏多載了。據此，兩舟所載者因何物得重，今當減去何物則適平？若被人問到此，須有處置始得。如是本分處置得事之人，必須有規矩繩墨，一一調和得是，不令錯了。若只説得揔腦便休，亦不濟事。孟子言「天下可運於掌」，如彼所言，天下誠可運於掌也。

謂曾見志宣云：❸「上合下，便執得『繼述』兩字，牢更不可易。」因言：「『繼述』兩字自好，但今用之非

❶「蓋言其不以誠爲之也」九字，正德本無。

❷「朱」，原作「失」，據文淵閣四庫全書本《龜山集》改。

❸「宣」，原作「完」，據正德本、萬曆本改。

是。當時自合説與真箇道理。且好貨好色，孟子猶不鄙其説而推明之，而况上有繼述之意，豈容無所開道，而使小人乘間謬爲邪説以進？則其末流激成今日之弊，不足怪矣。夫繼述之説，始於記所稱武王周公，今且舉周公一二事明之。文王耕者九一，至周公則更而爲徹。文王關市譏而不征，至周公則征之。武王克商，乃反商政，政由舊。逮周公七年，制禮作樂。昔者文武所由之政安在？聖人作處，唯求一箇是底道理，若果是，雖紂之政有所不革；果非，雖文武之政有所不因。聖人何所容心？因時乘理，欲天下國家安利而已。且如神考十九年間，艱難勤苦，制爲法度，蓋欲以救時弊、便百姓也。便百姓則其志，救時弊則其事。此獨不當繼述乎？今繼述足以救時弊、便百姓也，是亦神考而已。釋此不務，乃欲一二以循熙豐之迹，不然則爲不孝，此何理也？且如祖宗有天下百有餘年，海内安樂，其法度豈皆不善？神考一起而更之，神考亦謂之不孝，可乎？自唐末至五代，禍亂極矣。太祖、太宗順人心定天下，傳數世而無變，此豈常人做得？然而法度不免有弊者，時使之然爾。若謂時使之然，則神考之法豈容獨能無弊？補偏救弊，是乃神考所以望乎後世也，何害於繼述而顧以爲不孝乎？今之所患，但人自不敢以正論陳之於上，恐有滯礙妨嫌。若吾輩在朝廷，須是如此説始得。其聽不聽，則其去就之義焉。❶議論不知道理所在，徒有口辯，即勝他識道理人不過。如戰國説士，遇孟子便無開口處。

❶「其」，萬曆本作「有」。

問：❶「或謂荊公晚年詩多有譏誚神考處，若下注脚，儘做得謗訕宗廟，他日亦拈得出。」曰：「君子作事，只是循一箇道理。不成荊公之徒箋注人詩文，陷人以謗訕宗廟之罪，吾輩也便學他？昔王文正在中書，寇萊公在密院，中書偶倒用了印，萊公須勾吏人行遣。他日密院亦倒用了印，中書吏人呈覆，亦欲行遣。文正問吏人：『汝等且道密院當初行遣倒用印者是否？』曰：『不是。』文正曰：『既是不是，不可學他不是。』更不問。如今日所罪謗訕宗廟、毀謗朝政者，自是不是。先王之時，惟恐不聞其過，故許人規諫。至於舜求言乃立謗木，是真欲人之謗己也。《書》曰：『小人怨汝詈汝，則皇自敬德。』蓋聖人之於天下，常懼夫在己者有所未至，故雖小人怨詈，亦使人主自反。《詩》三百篇，經聖人刪過，皆可以爲後王法。今其所言譏刺時君者幾半，不知當時遭謗訕之罪者幾人。夫禁止謗訕自出於後世無道之君，不是美事，何足爲法？若祖宗功德，自有天下後世公議在，豈容小己有所抑揚？名之曰『幽』『厲』，雖孝子慈孫，百世不能改。夫爲人子孫，豈不欲聖賢其祖考？但公議以惡名歸之，則雖欲改之不能得也。其曰名之曰『幽』『厲』，當時誰實名之？兹豈獨其子孫之不孝乎？如此在人主前開陳乃是正理。今之君子，但見人言繼述，亦言繼述；見人罪謗訕，亦欲求人謗訕之迹罪之。如此只是相把持，正理安在？如元祐臣寮章疏論事，今乃以爲謗訕，此理尤非。使君子得志，須當理會令分明。今反謂他門亦嘗謗訕，不唯效尤，兼是使元祐賢人君子愈出脱不得，濟甚事？」

---

❶「問」，正德本無。

言季常在京時,❶嘗問正心誠意如何便可以平天下,與之言:「後世自是無人正心,若正得心,其效自然如此。此心一念之間,毫髮有差,便是不正。要得常正,除非聖人始得。且如吾輩還敢便道自己心得其正否? 此須是於喜怒哀樂未發之際能體所謂『中』,於喜怒哀樂之後能得所謂『和』。致中和,則天地可位,萬物可育,其於平天下何有?」因論孟子直以禹、稷比方顔子,只顔子在陋巷時,如禹、稷事業便可爲之無難。若正心誠意不足以平天下,則禹、稷功巍巍如此,如顔子者如何做得?

問:「伯夷、柳下惠如何見得能朝諸侯、一天下?」曰:「只看顔子在陋巷便做得禹、稷事業,則夷、惠之能朝諸侯、一天下可知。聖人之得邦家,綏之斯來,動之斯和,自是力量不同。如夷、惠之風,能使頑夫廉,懦夫有立志,鄙夫寬,薄夫敦,奮乎百世之上,下聞者莫不興起。❷則其未有爲之時,人固已心悦而誠服之矣。使得百里之地而君之,其效宜如何?」❸

叔孫通作原廟,是不使人主改過,而教之耻過作非也。此爲萬世之害。今太廟却閑了,只嚴奉景靈宫。是舍先王之禮而從一謬妄之叔孫通也。豈不過乎?

---

❶「言季常在京時」一則,正德本無。

❷「下」,萬曆本作「百世之下」。

❸「如何」,萬曆本作「何如」。

「毋意」只是去私意，❶若誠意則不可去也。重見。

因讀東坡《和淵明形影神》詩，❷其《影答形》云：「君如煙上火，火盡君乃别。我如鏡中像，鏡壞我不滅。」曰：「影因形而有無，是生滅相。故佛嘗云『一切有爲法，如夢幻泡影』，正言其非實有也。何謂不滅？」他日亦嘗讀《九成臺銘》，云：「此説得之莊周，然而以江山吞吐、草木俯仰、衆竅呼吸、鳥獸號鳴爲天籟，此乃周所謂地籟也。但其文精妙，讀之者或不之察耳。」

言荆公云「天使我有是之謂命，❸命之在我之謂性」，是未知性命之理。其曰「使我」，正所謂使然也。然使者可以爲命乎？以命在我爲性，則命自一物。若《中庸》言「天命之謂性」，性即天命也。又豈二物哉？如云在天爲命，在人爲性，此語似無病，然亦不須如此説。性命初無二理，第所由之者異耳。率性之謂道，如《易》所謂「聖人之作《易》，將以順性命之理」是也。

謂常問志寧云：「至道無難，惟嫌揀擇，其理是否？」志寧曰：「是。」曰：「若爾，公何不殺人放火？」志寧無語。

揚雄云「學所以修性」，夫物有變壞然後可修，性無變壞，豈可修乎？唯不假修，故《中庸》但言「率性」

---

❶「毋意只是去私意」一則，正德本、萬曆本無。

❷「因」，正德本無。

❸「言荆公云」以下七則，正德本無。

「尊德性」，孟子但言「養性」，孔子但言「盡性」。

因論荆公法云：「青苗、免役亦是法，然非藏於民之道。如青苗，取息雖不多，然歲散萬緡，則奪民二千緡入官。既入官，則民間不復可得矣。免役法取民間錢，雇人役於官，其得此錢用者，蓋皆州縣市井之人，不及鄉民。鄉民惟知輸而已，而不得用，故今鄉民多乏於財也。」「青苗二分之息，可謂輕矣，而不見有利於百姓，何也？今民間舉債，其息少者亦須五七分，多者或倍，而亦不覺其爲害。」曰：「惟其利輕且官中易得，人徒知目前之利而不顧後患，是以樂請。若民間舉債則利重，又百端要勒，得之極難，故人得已且已。又青苗雖名取二分之息，其實亦與民間無異。蓋小民既有非不得已而請者，又有非不得已用之。且如請錢千，或遇親舊於州縣間，須有酒食之費，不然亦須置小小不急之物，只使二百錢已可比民間四分之息。又請納時往來之用，與官中門户之賂遺，至少亦不下百錢，況又有胥吏追呼之煩，非貨不行。而公家期限又與私家不同，而民之畏法者，至舉債以輸官。往往沿此，遂破蕩産業者固多矣。此所以有害而無利也。或云：『官中息輕，民得之可以自爲經營，歲豈無二分之息乎？』蓋未之思也。若用之商販，則錢散而難集，正公家期逼，卒收不聚，失所指準，其患不細。往年富家知此患也，官中配之請，❶不得已請而藏之。比及期，出私錢爲息輸之官，乃無患。然使民如此，是無事而侵擾之也，何名補助之政乎？」

❶「配」，萬曆本作「派」。

翟霖送正叔先生西遷，道宿僧舍，坐處背塑像。先生令轉倚勿背，霖問曰：「豈以其徒敬之，故亦當敬耶？」正叔曰：「但具人形貌，便不當慢。」因賞此語曰：「孔子云：『始作俑者，其無後乎？』爲其象人而用之也。蓋象人而用之，其流必至於用人。君子無所不用其敬，見似人者不忽，於人可知矣。若於似人者而生慢易之心，其流必至於輕忽人。」

孟子言「仁者如射」，蓋生於子思「射有似乎君子」之說。言「大人者，言不必信，行不必果，惟義所在」，蓋生於孔子以「言必信，行必果」爲「硜硜然小人」之説。

學校養士，反不如居養安濟所費之多。如餘杭學今止有三十人，而居養安濟乃共有百餘人。居養安濟，人給米二升、錢二十。爲士者所給如其數，加四錢耳。而士未必常在學也，則其所費固寡於彼矣。若其所養實是窮民疾病者誠善，然所養止浮浪游手之徒耳。夫厲良民而養游手，是何政事？近詔又收養年五十者，自此往往來者益多，所費當益廣。夫年五十，則子自可昏，女自可嫁，安得爲無告之窮民乎？又其所養多聚異鄉之人，不許根問來處，則雖有父子、夫婦，官吏何緣得知？故其弊爲甚。若只許土著人就本貫收養，亦易爲檢察而其弊減矣。

因看合浦論無爲軍役法，曰：「天下役法多有不同處，如所論與潭州處置全别。潭州紹聖間所定皆出公之手。」又言：「吏有禄，本要養其廉耻，及不廉，故可從而責之。此爲待之盡。然亦須養得過方得。若養他不過，不如勿給，徒費財耳。何則？彼爲吏於此，蓋欲以活父母妻子，故爲之。今也養之不過，雖有刑戮在前，寧免其受賕乎？如法曹之俸月十千，而法司乃十二千，則法吏之禄爲過於法官。又常平吏人月給六千，此乃可責之以不受賕。其餘千錢或二三千而已，給紙札尚不足，安能活其家？則其勢須至乞覔。如必若法司、常平吏人重其禄，則財用之費無所從出。兼是吏禄亦有不用多給者，如學士、茶鹽司吏人，近制禄皆不減十千，彼有何事繁難，作何情弊，而可以當此禄乎？若此，雖謂之妄費可也。」

民之於上，不從其令，而朝廷惟以言諭之，宜其以爲虚文而莫之聽也。今天下非徒不從上令，而有司亦不自守成法，觀官吏所奉行，惟奉行朝廷之意而已。若皆守法，則法亦自足以致治。且如役法，耆長許募而不許差，輒差者徒二年。然法當募上户，其傭二千錢。逐州縣定。此餘杭所定。豈有上户肯利若干錢而願役於官乎？上户不願，則其勢須至强使爲之，是名募而實差也。其如法何？又如日近買翎毛，郡不敷諸縣令買者，以於法不許抑配故也。然翎毛非人所常有，而郡中文移督責諸縣，但使之催人以其所收藏翎毛輸之官。若縣中只依法行遣，安得辦集？其勢亦須至抑配，是名和買而實抑配也。如此者皆法之不可行者也。法至於不可行，則人惟意之從而已。

立法要使人易避而難犯，則必行而無赦。此法之所以行也。今法太嚴密，直使人於其間轉側不得，故易犯。是以犯法之人，官吏多不忍行法，必宛轉爲犯者之地。法如何行得？

人各有勝心，勝心去盡而惟天理之循，則機巧變詐不作。若懷其勝心，施之於事，必以一己之是非爲正。其間不能無窒礙處，又固執之不移，此機巧變詐之所由生也。孔子曰：「不知命無以爲君子。」知命只是事事循天理而已。循天理則於事無固必，無固必則計較無所用。

神考問伯淳：❶「王安石如何人？」伯淳云：「安石博學多聞則有之，守約則未也。」又嘗問：「是聖人否？」伯淳云：「《詩》稱周公『公孫碩膚，赤舄几几』，聖人蓋如是。若安石剛褊自任，恐聖人不然。」

問：「子思之不使白也喪出母也，是乎？」曰：「禮，適子不爲出母服。」曰：「何也？」曰：「繼體也。」

問：❷「陳莊子死，赴於魯，❸縣子謂繆公哭之，而曰：『有愛而哭之，有畏而哭之。』夫哭之也以畏，何也？」曰：「以言世有然也，非古之禮也。若古之大夫，則束脩之問不出竟，故生無相問，其死也何赴告之有哉？❹後世國亂而君昏，爲臣者交政於中國，故生則同盟，死則赴告，❺非禮也。故《春秋》因其卒而書之，所以著其罪也。」

仲素問：「横渠云『氣質之性』，如何？」曰：「人所資稟固有不同者，若論其本則無不善。蓋一陰一陽之謂道。陰陽無不善，而人則受之以生故也。然而善者其常也，亦有時而惡矣。猶人之生也，氣得其和則爲安樂人，及其有疾也，以氣不和而然也。然氣不和非其常，治之而使其和則反常矣。其常者，性也。此孟子所以言性善也。横渠説氣質之性，亦云人之性有剛柔、緩急、强弱、昏明而已，非謂天地之性然也。今夫水，

---

❶「神考問伯淳」二則，正德本無。
❷「問」，正德本無。
❸「赴」，萬曆本作「訃」。
❹「赴」，正德本、萬曆本作「訃」。
❺「赴」，萬曆本作「訃」。

清者其常然也，至於湛濁，❶則沙泥混之矣。沙泥既去，其清者自若也。是故君子於氣質之性，必有以變之，其澄濁而水清之義歟？」❷

因見王逢原文集，❸曰：「此高論，怨誹之人也。」他日嘗曰：「此子才則高矣，見道則未。」

《中庸》深處多見於孟子之書，其所傳也歟？

徐師川歸洪州，欲不復來，先生問之曰：「公免得仕宦否？若端的有以自贍，不必復來固好。第亦須着仕宦如何？」師川曰：「亦以免仕宦未得。」曰：「如此則當復來。供職仕宦，處處一般。既未免得，須復爲他官。逃此之彼，彼亦宜有不安處，是無地可以自容也。」師川曰：「來此復爲人所羅織，陷於禍，奈何？」曰：「顧吾所自爲者如何耳。苟自爲者皆合道理而無愧，然而不能免者，命也。不以道理爲可憑依而徒懼其不免，則無義無命矣。」師川曰：「極是。亦待來此，若做不得，去之未爲晚。」又言：「人只爲不知命，故纔有些事便自勞擾，若知得徹，便於事無不安。孔子曰：『天生德於予，桓魋其如予何？』固嘗解云：使孔子不免於桓魋之難，是亦天也，桓魋其如何哉？蓋聖人之於命如此。夫富貴死生，人無與焉，何尤人之有？孟子分明爲臧倉所毁，不遇於魯侯，而以爲不遇非臧倉之力，蓋知命也。列子曰：『桓公非能用讎也，不得不

---

❶「湛」，正德本、萬曆本作「汩」。

❷「水」，正德本作「永」，萬曆本作「求」。

❸「因見王逢原文集」以下五則，正德本無。

用；管仲非能舉賢，不得不舉。』此説得之矣。」曰：「列子此説似知命，然至其論夷、惠以爲矜清貞之尤以放於餓死寡宗，以公孫朝穆之事爲得計，以堯、舜、桀、紂之事爲不足較。兹豈非其過乎？」曰：「其過也。若聖人所謂知命，義常在其中矣。」「然則彼亦豈得之而不盡者乎？」曰：「然。」

仲素問：「『知微之顯』莫只是『戒慎乎其所不睹，恐懼乎其所不聞』否？」曰：「然。」因言：「有僧入僧堂，不言而出。或曰：『莫道不言，其聲如雷。』莊周之『尸居而龍見，淵默而雷聲』，可謂善言者也。」

孟子直是知命。滕文公以齊人築薛爲恐，問救之之術，而對以「君如彼何哉？强爲善而已矣」。以「竭力事大國，則不得免」，問安之之道，而對以太王居邠「不以其所養人者害人」，而繼之以效死不去之策。自世俗觀之，可謂無謀矣。然以理言之，只得如此説，捨此則必爲儀、秦之爲矣。凡事求可，功求成，取必於智謀之末而不循天理之正者，非聖賢之道也。天理即所謂命。

語羅仲素云：「今之學者，只爲不知爲學之方，又不知學成要何用。此事體大，須是曾着力來，方知不易。夫學者，學聖賢之所爲也，欲爲聖賢之所爲，須是聞聖賢所得之道。若只要博通古今爲文章，作忠信愿慤，不爲非義之士而已，則古來如此等人不少，然以爲聞道則不可。❶且如東漢之衰，處士逸人與夫名節之士有聞當世者多矣，觀其作處，責之以古聖賢之道，則畧無毫髪髣髴相似，何也？以彼於道初無所聞故也。今時學者，平居則曰『吾當爲古人之所爲』，纔有事到手便措置不得。蓋其所學以博通古今爲文章，或志於

---

❶ 「若只要」至「則不可」四十字，正德本無。

忠信愿慤，不爲非義而已，而不知須是聞道故應如此。由是觀之，學而不聞道，猶不學也。」

仲素問：「《詩》如何看？」曰：「《詩》極難卒説，大抵須要人體會，不在推尋文義。『在心爲志，發言爲詩。情動於中而形於言。』言者情之所發也。今觀是詩之言，則必先觀是詩之情如何。不知其情，則雖精窮文義，謂之不知詩可也。子夏問：『「巧笑倩兮，美目盼兮」何謂也？』子曰：『繪事後素。』曰：『禮後乎？』孔子以謂『可與言《詩》』。如此全要體會。何謂體會？且如《關雎》之詩，詩人以興后妃之德。蓋如此也，須當想象雎鳩爲何物，知雎鳩爲摯而有别之禽。則又想象關關爲何聲，知關關之聲爲和而通。❶則又想象在河之洲是何所在，知河之洲爲幽閑遠人之地。則知如是之禽，其鳴聲如是，而又居幽間遠人之地，則后妃之德可以意曉矣。是之謂體會。惟體會得，故看詩有味。❷至於有味，則詩之用在我矣。」

語仲素：❸「《西銘》只是發明一箇事天底道理。所謂事天者，循天理而已。」

因論蘇明允《權書》《衡論》，曰：「觀其著書之名已非，豈有山林逸民立言垂世，乃汲汲於用兵如此，所見安得不爲荆公所薄？」曰：「大蘇以當時不去二虜之患，則天下不可爲。又其《審敵》篇引晁錯説景帝削地之策，曰：『今日夷狄之勢是亦七國之勢。』其意蓋欲掃蕩二虜，然後致太平耳。」曰：「纔以用兵爲事，只見

❶「通」，正德本、萬曆本作「適」。
❷「看」，正德本作「玩」。
❸「語仲素」一則，正德本無。

搔擾，何時是天下息肩時節？以仁宗之世視二虜，豈不勝如戰國時？然而孟子在戰國時所論全不以兵爲先，豈以崇虚名而受實弊乎？亦必有道矣。」

問：「秦少游進卷論所以禦戎，乃欲以五路之兵歲出一路，以擾夏人之耕。如此是吾五歲一出兵，而使夏人歲歲用兵，此滅狄之道也。當時元祐間有主此議者，此果可用否？」曰：「王者之兵有征無戰，必不得已，誅其君而弔其民可也，豈容如此？兼是亦無此理。今常以五路之師合攻夏人，尚時有不支。歲出一路，其傾國而來，攻城破邑，吾其可止以一路之衆當之乎？大抵今之士人議論只是口頭説得，施之於事，未必有效。」

言朱公掞上殿，❶神考問欲再舉安南之師，公掞對：「願陛下禽獸畜之。蓋夷狄，得其地不可居，得其民不可使，得已且已，須要廣土闢地何益？」自紹聖、崇寧以來，所以待夏人大是失策。「有德此有人，有人此有土，有土此有財，有財此有用。」今不務德以致人，徒得其空地，又運中國之財以守之，是何所見？

君臣之間，要當一德一心，方作得事。古之聖賢相與以濟大業，蓋無不然者。觀舜命禹征有苗，已誓師往伐，而益以一言贊禹，禹遂班師。舜以禹之班師，便爲之誕敷文德而有苗格矣。舜命禹徂征，禹既行，而益有言宜告之舜，不告舜而告之禹；禹承命於舜，及其不遂行也，宜先禀之舜，乃擅反兵而不疑。舜於二人者無責焉可也，乃徇其所爲，從而相之。益之意豈不曰禹猶舜，而禹之意豈不曰舜猶己也歟？夫是之謂一

❶「言」，正德本無。

德一心。自今觀之，則益之言可以謂之沮壞成事，而禹之事爲逗留君命矣。然古之君臣各相體悉如此，古人立功所以易，而後世成事所以難也。

語仲素曰：❶「某嘗有數句教學者讀書之法，云：以身體之，以心驗之，從容默會於幽閑静一之中，超然自得於書言象意之表。此蓋某所爲者如此。」

又云：「《西銘》會古人用心要處爲文，正如杜順作《法界觀》樣。」

仲素問：「『盡其心者知其性』，如何是盡心底道理？」曰：「未言盡心，須先理會心是何物。」又問，曰：「心之爲物明白洞達，廣大静一，若體會得了然分明，然後可以言盡，未理會得，心盡箇甚？能盡其心，自然知性，不用問人。大抵須先理會仁之爲道，知仁則知心，知心則知性，是三者初無異也。横渠作《西銘》亦只是要學者求仁而已。」

論及陽城事，謂永叔不取，❷純夫取之，其言曰：「陽城蓋有待而爲者也，後世猶責之無已，其不成人之美亦甚哉。」此論似近厚。曰：「陽城固可取，然以爲法則不可。裴延齡之欲相，其來非一朝一夕，何不救之於漸乎？至於陸贄之貶，然後論延齡之姦佞，無益矣。觀古人退小人之道不然。《易》之《姤卦》曰：『女壯，勿用取女。』夫姤，一陰生，未壯也，而曰壯者，生而不已，固有壯之理也。取女則引而與之齊也，引而與

---

❶「語仲素曰」以下三則，正德本無。

❷「取」，原作「能」，據正德本、萬曆本改。

之齊則難制矣。陰者小人之象也，小人固當制之於漸也。故當陰之生則知其有壯之理，其有壯之理則勿用取女可也。是以《姤》之初爻曰：『繫于金柅，貞吉。有攸往，見凶。』金柅，止車之行也，陰之初動必有以柅之，其制之於漸乎？蓋小人之惡，制之於未成則易，制之於已成則難。延齡之用事，權傾宰相，雖不正名其爲相，其惡自若也。何更云待其爲相，然後取白麻壞之耶？然城之所爲，當時所難能也。取之亦是，但不可以爲法耳。」

龜山先生語録卷第四

餘杭所聞

神宗賜金荆公，荆公即時賜蔣山僧寺爲常住。了翁云：「嘗見人説以此爲曠古所難，其實能有多少物？人所以難之，蓋自其眼孔淺耳。」曰：「荆公作此事絶無義理。古者，人君賜之果，尚懷其核，懷核所以敬君賜也。所賜金，義當受則受，當辭則辭，其可名而受之而施之僧寺乎？是賤君賜也。金可賤，君賜不可賤。《書》曰：『人不易物，惟德其物。』❶若於義當受而家已足，不願藏之家而班諸昆弟之貧者，則合禮矣。」

真宗問李文靖曰：「人皆有密啓，而卿獨無，何也？」對曰：「臣待罪宰相，公事則公言之，何用密啓？夫人臣有密啓者，非讒即佞，臣常惡之，豈可效尤？」曰：「祖宗時宰相如此，天下安得不治？」因説唐明皇欲取石堡城，❷王忠嗣不可，李光弼勸之，忠嗣曰：「石堡城非殺數萬人不可取，忠嗣今不奉

❶「惟」，原作「雖」，據正德本、萬曆本改。
❷「因説」二字，正德本無。

詔，縱得罪天子，不過以一將軍歸宿衛，其次不過黔中上佐。忠嗣豈以一官易數萬人之命哉？」忠嗣如此，極知輕重。曰：「忠嗣意甚善，❶然不能無過。夫人臣之事君，苟利於國，死生以之，不應以官職之不足顧計爲言也。謂官職之不足道，此猶以利言。若是古之賢聖處事，只論是非而已。如以利言，則禍患有大於一將軍、宿衛、黔中上佐，是將從之乎？惜乎，忠嗣之處此未盡也。」「然則其言合如何？」曰：「當云：『今得罪主上，不過一身之利害危辱耳。豈可以一身之重而輕數萬人之命哉？』如此則其言無病。」

因言真宗朝有百姓争財，❷以狀投匭，其語有比上德爲桀、紂者。比奏御，真宗令宫中録所訴之事付有司根治，而匿其狀，曰：「百姓意在争財，其實無他。若并其狀付有司，非惟所訴之事不得其直，必須先按其指斥乘輿之罪。百姓無知，亦可憐也。」曰：「祖宗慈仁如此。《書》曰：『小人怨汝詈汝，則皇自敬德。』祖宗分明有此氣象，天下安得而不治？」言真宗時，監司有以羡餘進奉者，❸議賞，内批云：「國家賦有常數，安得羨餘？果有之，若非入時大量，即是出時減刻，安可賞？」因曰：「祖宗不爲文章，然似此語言，萬世可傳誦也。」

謂揚子雲作《太玄》，只據他立名便不是。既定却三方、九州、二十七部、八十一家，不知如何相錯得？

---

❶「意」，正德本、萬曆本作「之言」。

❷「因言」二字，正德本無。

❸「言」，正德本無。

八卦所以可變而爲六十四者，只爲可相錯故可變耳。惟相錯，則其變出於自然也。

問：「正叔先生云：『或説《易》曰「乾天道，坤地道」，正是亂説。』曰乾坤非天地之道邪？」曰：「乾豈止言天？坤豈止言地？」又言，問：「乾坤不止言天地，而乾卦多言天，坤卦多言地，何也？」曰：「本乎天者親上，本乎地者親下，則各從其類也。乾卦言天，坤卦言地，只爲語其類耳。如《説卦》於乾，雖言爲天，又言爲金、爲玉，以至爲駁馬、良馬，爲木果之類，豈盡言天？故《繫辭》曰：『伏羲始作八卦，以通神明之德，以類萬物之情。』若此者，所謂『類萬物之情』也。只如《説卦》所類，亦不止此。爲之每發其端，使後之學《易》者觸類而求之耳。蓋作易者，『仰則觀象於天，俯則觀法於地，觀鳥獸之文與地之宜，近取諸身，遠取諸物』，故孔子《繫辭》推明之，曰此卦於天文地理則爲某物，於鳥獸草木則爲某物，於身於物則爲某物，各以例舉，不盡言也。學者觸類而求之，則思過半矣。不然《説卦》所叙，何所用之？」

論横渠曰：❶「正叔先生亦自不許他。」曰：「先生嘗言自孟子之後無他見識，何也？」曰：「如彼見識，秦漢以來何人到得？」論與叔曰：「正叔先生嘗言，『與叔只是守横渠説，更不肯易，才東邊扶得起，又倒從西邊去』。」此二人爲常有疑焉，故問。

謂孔子曰：「『自古皆有死，民無信不立。』今天下上自朝廷大臣，下至州縣官吏，莫不以欺誕爲事而未有以救之，只此風俗，怎抵當他？」

---

❶「論横渠曰」以下六則，正德本無。

謂學校以分數多少校士人文章，使之胸中日夕只在利害上。如此作人，要何用？

謂正叔云：「古之學者四十而仕，未仕以前二十餘年得盡力於學問，無他營也。故人之成材可用。今之士十四五以上便學綴文覔官，豈嘗有意爲己之學？夫以不學之人，一旦授之官而使之事君、長民、治事，宜其效不如古也。故今之在仕路者，人物多凡下不足道，以此。」

謂毛富陽云：「士人如張孝伯，真可謂恬於進取者。」因說張孝伯好，曰：「愿人也，然終無使他處。若據此人天資直是美，惜其少學耳。」問：「孝伯，樂正子之流否？」曰：「非也，彼已無進爲撫世之意。若樂正子將爲政於魯，孟子聞之，爲之喜而不寐。孟子不徒喜也，蓋望其能有爲也。如孝伯恐不足以當人望，只是一箇愿慤可尚耳。」問：「愿與善人如此其異乎？」曰：「『善人爲邦百年，亦可以勝殘去殺』，豈愿者之事？」因又問：「九德曰『愿而恭』，蓋愿必濟以恭，然後能成德也。然愿者自應恭謹，何謂相濟？」曰：「愿者自爲之人耳。如孟子所謂『責難於君』，愿做不得責難於君，愿特貌恭而已。」

謂與季常言：「王氏只是以政刑治天下，道之以德、齊之以禮之事全無。」他日季常曰：「細思之，實如公言。但道以德、齊以禮之事，於今如何做？」曰：「須有會做，只爲而今不用着此等人。若是他依本分會底，必有道理。」

《君子陽陽》之詩，《序》以謂「閔周」，蓋言君子至於相招爲禄仕，全身遠害，於周不足刺也，可閔而已。夫賢人才士，苟以得禄養父母、活妻孥爲事，而無致君行道之心，誰與爲治？此所以亂益亂也，尚足刺乎？

二《南》爲王道之基本，❶只爲正家而天下定故也。

問：「共姜之父母不知夫婦之義，不當責邪？」曰：「以共姜之自誓不嫁爲守義，則彼欲奪而嫁之者爲不義可知。取此則去彼矣。」

作文字要只説目前話，令自然分明。不驚恒人不能得，然後知孟子所謂「言近」非聖賢不能也。

問：「父子之間不責善固是，❷至於不教子，不亦過乎？」曰：「不教，不親教也。雖不責善，豈不欲其爲善？然必親教之，其勢必至於責善，故孔子所以遠其子也。」曰：「使之學《詩》學禮，非教乎？」曰：「此亦非强教之也。如學《詩》學禮，必欲其學有所至，則非孔子所以待其子。故告之學則不可不告，及其不學，亦無如之何。」

因論特旨，曰：「此非先王之道。先王只是好生，故《書》曰：『好生之德，洽于民心。』爲天子，豈應以殺人爲己任？孟子曰：『國人皆曰可殺，然後殺之，曰國人殺之也。』謂國人殺之，則殺之者非一人之私意，不得已也。古者，司寇以獄之成告于王，王命三公參聽之。三公以獄之成告于王，王三宥然後致刑。夫宥之者天子之德，而刑之者有司之公。天子以好生爲德，有司以執法爲公，則刑不濫矣。若罪不當刑而天子必刑之，寧免於濫乎？然此事其漸有因，非獨人主之過。使法官得其人，則此弊可去矣。舜爲天子，若瞽叟

❶「二南爲王道之基本」一則，正德本無。
❷「問父子之間不責善固是」一則，正德本無。

殺人，皋陶得而執之，舜猶不能禁也。且法者，天下之公，豈宜徇一人之意？嘗怪張釋之論渭橋犯蹕事宜罰金，文帝怒，釋之對曰：『法者，天子所與天下公共也，今法如是，更重之，是法不信於民也。』此説甚好。然而曰『方其時，上使人誅之則已』，以謂爲後世人主開殺人之端者，必此言也。夫法既曰天子與天下公共，則得罪者天子必付之有司，安得擅殺？使當時可使人誅之，今雖下廷尉，越法而誅之亦可也。」

因論爲政，❶曰：「《書》云『毋忿疾于頑』，若忿疾于頑，便失之嚴，嚴便非居上之道。」

問：❷「有人問正叔：『周公欲以身代武王之死，其知命乎？』正叔曰：『只是要代兄死，豈更問命？』此語如何？」曰：「是也。」曰：「聖人不應不知天理，天理既不然而必行之，其誠不幾於無物否？」曰：「聖人固知天理，然只爲情切，猶於此僥倖萬一也。故至誠爲之。」又曰：「《金縢》之事有之，然其間亦有言語可疑者，如云『元孫不若旦多才多藝』，聖人似不應如此説。」

因言：❸「正叔云：『人言沛公用張良，沛公豈能用張良？張良用沛公耳。良之從沛公，以爲韓報秦也。既滅秦，於是置沛公關中，辭歸韓而已。見沛公有可以取天下之勢，故又從之。已取天下便欲棄人間事，從赤松遊。良不爲高祖之臣可見矣。』此論甚好，以前無人及此。」曰：「此論亦未盡，張良蓋終始爲韓

---

❶「因論爲政」一則，正德本無。

❷「問」，正德本無。

❸「因言」二字，正德本無，文淵閣四庫全書本《龜山集》作「或言」。

者。方沛公爲漢王之國，遣良歸韓，良因説沛公燒絶棧道，此豈復有事漢之意？及良歸至韓，聞項羽以良從漢王故，不遣韓王成之國，與俱東，至彭城殺之。先是良説項梁以韓諸公子横陽君成可立，梁遂使良求韓成，立爲韓王，良爲韓司徒。良以成見殺之故，於是又間行歸漢。其意蓋欲爲韓報項羽也。至漢，高祖用其謀，已破項羽，平定天下，從高祖西都關中。於是始有導引辟穀從赤松子之語，❶蓋爲韓報仇之心於是方已故也。據良先説高祖絶棧道然後歸韓，此亦似有意。使韓王成若在，良輔之，并天下未可知。良意以謂可與之平天下者，獨高祖，高祖既阻蜀不出，其他不足慮矣。不幸韓王成爲項羽所殺，故無以自資而卒歸漢也。如高祖亦自用張良不盡，良之術亦不止於此，須更有事在。其臣高祖非其心也，不得已耳。」

因言曾與季常論鑄鼎，❷云：「鼎之爲説，《左傳》曾道來，後之人得以藉口者以此爾。然使如丘明之説不誣，亦不過象物之形，百物而爲之備，使民知神姦而已。後之人主用方士厭勝祈禳之法，此何所據？丘明云『成王定鼎于郟、鄏，卜世卜年，天所命也』，然而《洛誥》，周公所作，當時所爲，無不載者，若鼎之爲物，乃社稷重器，當載而莫之載者，何也？鼎鑄于夏時，夏之法制莫詳於《禹貢》之書，豈有九牧貢金，成此重器，欲以協上下、承天休，而《禹貢》曾無一語及之乎？《易》六十四卦，其在《鼎》也，取象爲備。如丘明之

---

❶「始」，原作「如」，據正德本、萬曆本改。

❷「因言曾與」四字，正德本無。

説，畧無毫髮相類，而況於後之紛紛者乎？❶故凡事無徵者皆不可爲也。後世如曹參，可謂能克己者，攻堅陷敵是其所長，至其治國爲天下，乃以清静無爲爲事，氣質都變了。」

因論寒士乍得官，❷非不曉事便是妄作。大抵科舉取人不得，間有得者，自是豪傑之士，因科舉以進耳。問：「李德裕言『公卿大夫家子弟可用，進士未必可用』，此論不偏否？」曰：「德裕爲此論，至今人以爲偏。當時人以德裕用資蔭進身，不由科舉，故爲此論。此最無謂。以德裕之才，應唐之科目極容易，自是不爲耳。且資蔭得官與進士得官，孰爲優劣？以進士爲勝，以資蔭爲慊者，此自後世流俗之論。至使人耻受其父祖之澤，而甘心工無益之習，以與孤寒之士角勝於場屋，❸僥倖一第以爲榮，是何見識？夫應舉，亦自寒士無禄，❹不得已藉此進身耳。如得已，何用應舉？范堯夫最有見識，然亦以資蔭與進士分優劣，建言於有無出身人銜位上帶左右字，不可謂無所蔽也。其言曰『欲使公卿家子弟讀書耳』，此意甚善，但以應舉得官者爲讀書而加奬勸焉可也，彼讀書者，應舉得官而止耳，豈真學道之人？❺至如韓持國，自是經國之才，用爲執政亦了得，不可以無出身便廢其執政之才。」曰：「堯夫所别異者，莫非此等人否？」曰：「執政不

❶「於」，正德本無。
❷「因論」二字，正德本無。
❸「勝」，原作「務」，據正德本、萬曆本改。
❹「自」，正德本、萬曆本作「是」。
❺「真」，原作「直」，據正德本、萬曆本改。

是合下便做，亦自小官以次遷之。如後來吴坦求等在紹聖中被駁了博士，以無出身故也。彼自布衣中，朝廷以其有學行賜之爵命，至其宜爲博士，乃復以爲無出身奪之，此何理也？資蔭、進士中俱有人，惟其人用之。加一右字，亦自沮人爲善。」

「朝廷作事，❶若要上下小大同心同德，須是道理明。蓋天下只是一理，故其所爲必同。若用智謀，則人人出其私意。私意萬人萬様，安得同？」因舉舊記正叔先生之語云：「公則一，私則萬殊，人心不同猶面，其蔽於私乎？」

自孟子没，王道不傳，故世無王佐之才。既無王佐之才，故其治效終不如古。若要行道，才説計較，要行便不是。何故？自家先負一箇不誠了，安得事成？劉向多少忠於漢，只爲做計較太甚，才被看破，手足俱露，是甚模様？

言季常曾問揚雄來，應之曰：「不知聖人，何足道？」季常駭之，淵因語：「後世學道不明爾，被流俗之蔽，只如他取揚雄，亦未能免流俗也。卓乎天下之習不能蔽也，程正叔一人而已。觀正叔所言，未嘗務脱流俗，只是一箇是底道理，自然不墮流俗中。」先生曰：「然。觀其論婦人不再適人，以謂寧餓死，若不是見得道理分明，如何敢説這様話？」

---

❶「朝廷作事」以下三則，正德本無。

南都所聞 己丑四月，自京都回，至七月。

薛宗博請諸職事會茶，❶曰：「禮豈出於人心？　如此事，本非意之所欲，但不得已耳。　老子曰『禮者忠信之薄』，荀子曰『禮起於聖人之僞』，真個是。」因問之曰：「所以召茶者何謂？」薛曰：「前後例如此，近日以事多，與此等稍疏闊，心中打不過，須一請之。」曰：「只爲前後例合如此，心中自打不過，豈自外來？　如云『辭遜之心，禮之端』，亦只是心有所不安，故當辭遜。　只此是禮，非僞爲也。」

問：「《易》曰『乾坤，其《易》之門耶』，所謂『門』，莫是學《易》自此入否？」曰：「不然。　今人多如此說，故有喻易爲屋室，謂其入必有其門，則乾坤是也。　爲此言者只爲元不曉易。　夫易與乾坤，豈有二物？　孰爲內外？　謂之乾坤者，因其健順而命之名耳。　乾坤即易，易即乾坤，故孔子曰：『乾坤毀則無以見易。』蓋無乾坤則不見易，非易則無乾坤。　謂乾坤爲易之門者，陰陽之氣有動靜屈伸爾。　一動一靜，或屈或伸，闔闢之象也。　故孔子又曰：『闔户謂之坤，闢户謂之乾。』所謂門者，如此。　老子曰：『天地之間，其猶橐籥乎？』夫氣之闔闢往來，豈有窮哉？　有闔有闢，變由是生。　其變無常，非易而何？　小蔡云：『輕清者上爲天，神應之爲乾；重濁者下爲地，神應之爲坤。』似此解釋，夢也未夢見易。　大抵看《易》，須先識他根本，然後有得。　夫

---

❶「薛宗博請諸職事會茶」一則，正德本無。

易求之吾身，斯可見矣，豈應外求？張横渠於《正蒙》中曾畧説破云：『乾坤之闔闢，出作入息之象也。』❶非見得徹，言不能及此。某舊曾作《明道哀辭》云：❷『通闔闢於一息兮，❸尸者其誰？』蓋言易之在我也。人人有易，不知自求，只於文字上用功，要作何用？此等語若非以見問，終説不到。如某與定夫相會亦未嘗及從問。❹某常疑定夫學《易》，亦恐出他荆公未得。荆公於《易》只是理會文義，未必心通。若非心通，縱説得分明徹了，不濟事。《易》不比他經，須心通始得。如龔深父説《易》，元無所見，可憐一生用功都無是處。」❺問：「乾坤即陰陽之氣否？」曰：「分明説乾陽物，坤陰物。」「既是陰陽，又曰乾坤，何也？」曰：「乾坤，正言其健順爾。識破本根，須是知體同名異，自然意義曉然。」又云：「『天尊地卑，乾坤定矣。』乾坤本無體，天地之位定，則乾坤斯定。不有天地，乾坤何辨？」❻問：「天地即輕清重濁之氣升降否？」曰：「然。天地乾坤，亦是異名同體，其本一物，變生則名立，在天成象，在地成形，亦此物也。但因變化出來，故千態萬變，各自陳露，故曰『在天成象，在地成形，變化見矣』。變化，神之所爲也，其所以變化，孰從而見之？因其

❶「作」，原脱，據正德本、萬曆本補。
❷「曾」，正德本、萬曆本皆無。
❸「兮」，原作「耶」，據正德本、萬曆本改。
❹「問」，原作「可」，據萬曆本改。
❺「此等語」至「都無是處」九十八字，正德本無。
❻「識破本根」至「乾坤何辨」五十字，正德本無。

成象於天，成形於地，然後變化可得而見焉。」因云：「舊常解此義云：無象無形，則神之所爲隱矣；有象有形，變化於是乎著。」因問：「乾坤毁，則無以見易。如此，則易不屬無矣。」曰：「易固非無。」「張横渠深闢老子有無之論，莫有見於此否？」曰：「然。才説無便成斷滅去，如釋氏説空。」又曰：「非空到了費力，聖人只説易，最爲的當。」因言孟子論養氣，到此方見有功於前聖，曰：「如孟子者方是能曉《易》。如説『必有事焉』，非見得分明，此説如何撰得？」又問：「正叔先生以『必有事焉而勿正』爲一句，某嘗疑『勿正心』似非聖賢語意，及見此乃知正叔先生讀書有力。」曰：「事説勿正則可，心説勿正則不可。正叔讀書直是不草草，他議論方是議論。」「伯思言正叔以『至大至剛以直』爲一句，『養而無害』爲一句。或云，伯淳曾言『至大至剛之氣須以直養』，正叔堅云『先兄無此説』。若曰『以直養而無害』，莫不妨？」曰：「嫌於將一物養一物，不如『養而無害』較渾全。他門説話，須是與他思量體究方見好處。」❶

問：「易有太極，莫便是道之所謂中否？」曰：「然。」「若是，則本無定位，當處即是太極耶？」曰：「然。」「兩儀、四象、八卦如何自此生？」曰：「既有太極，便有上下；有上下，便有左右前後；有左右前後四方，便有四維。皆自然之理也。」

人君所以御其臣，❷只有一箇名分不可易。名分既正，上下自定，雖有幼冲之主在上而天下不亂。若

---

❶「因其成象」至「方見好處」三百二十七字，正德本無。

❷「人君所以御其臣」一則，正德本無。

以智籠臣下，智有時而困，則彼不爲用矣，其勢須至於誅殛之然後已。觀西漢之君臣多尚權謀，當時大臣少有能全身者，蓋以此。某舊作《十論》，❶曾有一篇及此。朝廷上做事，須先令學術粗明，然後可以爲。❷不然人人説一般話，如何做得事？

王章論王鳳，當時人君非不悟，但以力弱，被王鳳才理會起，便推從王章身上去。章終被禍。人君如此，誰敢與他放脚手做事？

正叔在經筵，❸潞公入劄子，要宰相以下聽講。講罷，諸公皆退，晦叔云「可謂稱職」，堯夫云「真侍講」，又一人云「不知古人告其君還能如此否」。只爲諸公欽服他，他又多忤人，所以後來謗生。因説正叔經筵開陳，故及此，所論列有處記。

《圓覺經》言「作、止、任、滅」是四病，作即所謂助長，止即所謂不芸苗，任、滅即是無事。

解經大抵須得理會而語簡，舊嘗解「易簡而天下之理得」，云：「行其所無事，不亦易乎？一以貫之，不亦簡乎？如是則天下之理得矣。」又言：「行其所無事，一以貫之，只是一箇自然之理，《繫辭》中語言直有難理會處，今人注解只是亂説。」

---

❶「十」，萬曆本作「中」。

❷「以」下，萬曆本有「有」字。

❸「正叔在經筵」以下三則，正德本無。

問：「正叔云：『《詩》非聖人所作，當時所取只以其止於禮義。至如比其君「狡童」「碩鼠」，則已甚。』其説如何？」曰：「此理舊疑來，因學《春秋》遂知其意。《春秋》書突之奔及其歸，皆曰『鄭伯突』，其書忽止曰『鄭忽』，蓋不以忽爲君故也。不以爲君，故詩人目之爲『狡童』。觀《褰裳》之詩云『狂童恣行，國人思大國之正己』。其詩曰『子惠思我，褰裳涉溱』，言人心已離，若大國見正，國人必從之矣。人之視忽如此，尚誰以爲君？若猶以爲君，則比之狡童誠不可矣。」「《碩鼠》如何？」曰：「魏之重斂至使人欲適彼樂國，則人心之離亦可見矣。」又云：「人心合而從之則爲君，離而去之則爲獨夫。」

學者若不以敬爲事，❶便無用心處。致一之謂一，無適之謂一。

「人言《春秋》難知，其實昭如日星。孔子於五經中言其理，於《春秋》著其行事。學者若得五經之理，《春秋》誠不難知。」又云：❷「伯淳先生嘗有語云：『看《春秋》，若經不通則當求之傳，傳不通則當求之經。』某曾問之云：『傳不通則當求之經，何也？』曰：『只如《左氏春秋》書「君氏卒」。「君氏」乃惠公繼室聲子也。而《公羊春秋》則書曰「尹氏」，傳云「大夫也」。然聲子而書曰「君氏」是何義，須當以「尹氏」爲正。此所謂求之經。』」

問：「《乾》《坤》用九六，荊公曰『進君子，退小人，固非自然之理』，而正叔云觀河圖數可見，何也？」

---

❶「學者若不以敬爲事」一則，正德本無。

❷「又云」二字，正德本無。

曰：「此多有議論，少有分明。《繫辭》分明説云『參天兩地而倚數』，九，參天；六，兩地也。」

因言：❶「了翁説易，多以一字貫衆義，如何？」曰：「易卦用字有如此者，有不如此者。如云『習坎，重險也』，又言『天險』『地險』『王公設險』，則險爲善。『睽，乖也』，又言『天地睽而萬物通，男女睽而其志同』，則乖爲善。蓋一字兩用。字非此類則不可，如『師』是『師旅』之師，豈可説爲『師友』之師？以來書云爾，故及之。」

形色，❷天性也。有物必有則也，物即是形色，即是天性。唯聖人然後可以踐形。踐，履也，體性故也。蓋形色必有所以爲形色者，是聖人之所履也。謂形色爲天性，亦猶所謂「色即是空」。

毗陵所聞 辛卯七月十一日，自沙縣來，至十月去。

劉元承言：「相之無所不用其敬，嘗掛真武畫像於帳中，其不欺暗室可知。」曰：「相之不自欺則固可取，然以神像置帳中亦可謂不智。」曰：「何以言之？」曰：「果有真武則敬而遠之，乃所謂智。帳中卧之處，至褻之所也，何可置神像？」

「君子喻於義，小人喻於利」，所謂「喻於義」，則唯義而已。自義之外，非君子之所當務也。夫然後所守

❶ 「因言」二字，正德本無。

❷ 「形色」以下三則，正德本無。

者約。如孟施舍知守氣，可謂約矣，所以不及曾子者，以曾子唯義之從故也。

或曰：「文王所謂至德，以不累於高名厚利故也。所謂不累於厚利者，三分天下有其二以服事商；所謂不累於高名者，有其二而弗辭。」曰：「如是，則武王之取天下，以爲累於利而可乎？孟子之言曰『取之而燕民悦則取之，古之人有行之者，武王是也。取之而燕民不悦則勿取，古之人有行之者，文王是也』，此論盡矣。蓋文王所謂至德者，三分天下有其二矣，以取天下，何難之有？而文王勿取者，視天而已，初無用心於其間也。夫是之謂至德。」

舜在側微，❶堯舉而試之。慎徽五典，則五典克從；納于百揆，則百揆時叙；賓于四門，則四門穆穆，以至以天下授之而不疑。觀其所施設，舜之所以爲舜，其才其德可謂大矣，宜非深山之中所能久處。而爲舜者，當堯未之知，方且飯糗茹草若將終身。若使今人有才氣者，雖不得時，其能自已其功名之心乎？以此見人必能不爲，然後能有爲也。非有爲之難，其不爲尤難矣。只如伊尹耕於莘，非湯三聘則必不起。諸葛亮卧草廬，非先主三顧亦必不起。非要之也，義當然也。以諸葛之智尚知如此，又况不爲諸葛者乎？然則居畎畝之中，而以天下爲己憂可也，或不知消息盈虚之運，犯分妄作，豈正理哉！

舜可謂無爲。有天下，初無所與。其任九官、去四凶，視其功罪如何，舜無毫髮之私也。

劉向之所謂忠可以爲戒，不幸似之，非所以全德。大抵人能住得，然後可以有爲，才智之士非有學力却

---

❶「舜在側微」以下三則，正德本無。

住不得。

孟子言「大人正己而物正」，荊公却云：「正己而不期於正物則無義，正己而必期於正物則無命。」若如所論，孟子自當言「正己以正物」，不應言「正己而物正」矣。物正，物自正也，大人只知正己而已。若物之正，何可必乎？惟能正己，物自然正。此乃「篤恭而天下平」之意。荊公之學，本不知此。

張茂則，宦官之賢者也。元祐間，曾請諸公啜茶觀畫，惟正叔不往，辭之曰：「某素不識畫，亦不喜茶。」如正叔真個不去得，他人到此，須容情與他去。

或問：❶「正叔先生云『邵堯夫易數至今無傳』，當時何不問他，看如何？」先生曰：「若是公等，須打不過，必問他。」

《字説》所謂「大同於物者，離人焉」，曰「揚子言『和同天人之際，使之無間』」，不知是同是不同？若以爲同，未嘗離人。又所謂「性覺真空者，離人焉」，若離人而之天，正所謂頑空。通總老言經中説十識，第八庵摩羅識，唐言白凈無垢，第九阿賴耶識，唐言善惡種子。白凈無垢，即孟子之言性善是也。言性善，可謂探其本。言善惡混，乃是於善惡已萌處看。荊公蓋不知此。

❶「或問」以下四則，正德本無。

蕭山所聞壬辰五月又自沙縣來，至八月去。

横渠言：「性未成則善惡混，亹亹而繼善者斯爲善矣。惡盡去則善因以亡，故舍曰善，而曰成之者性。」伯思疑此以問公曰：「不知横渠因何如此説。據此説，於《易》之文，亦自不通。」却令伯思説，伯思言：「善與性皆當就人言。繼之爲説，如子繼父，成乃無所虧之名矣。若非人，即不能繼而成之。」曰：「不獨指人言。萬物得陰陽而生，皆可言繼之。善亦有多般，如乾之四德有仁、義、禮、智之不同，後人以配四時。若如四時，則春固不可爲秋，冬固不可爲夏，其實皆善也。元者特善之長也，固出於道，故曰『繼之者善』。性則具足圓成，本無虧欠。要成此道，除是性也。今或以萬物之性爲不足以成之，蓋不知萬物所以賦得偏者，自其氣稟之異，非性之偏也。孔子曰『天地之性，人爲貴』，人之性特貴於萬物耳，何常與物是兩般性？」

「《伊川語録》云『以忠恕爲一貫，除是曾子説方可信，若他人説則不可信』。如何？」曰：「明道説却不如此。」問明道説。曰：「只某所著新義，以忠恕爲曾子所以告門人，便是明道説。」問：「《中庸》發明忠恕之理以有一貫之意，如何？」曰：「何以言之？」曰：「物我兼體。」曰：「只爲不是物我兼體，若物我兼體，則固一矣。此正孟子所謂『善推其所以爲者』，乃是參彼己爲言。若知孔子以『能近取譬』爲『仁之方』，不謂之『仁』，則知此意。」曰：「即己即物，可謂一否？」曰：「然。」

「孟子言孔子集大成，曰：『始條理者智之事，終條理者聖之事。』夫仁且智，斯之謂聖。今以聖之事或不足於智，何也？」曰：「聖則具仁智矣，但此發明中處乃智之事，聖則其所至也，未必皆中。」曰：「孟子曰

『智之於賢者』，則智但可語賢者，若乃大而化之，則雖智而忘其智矣。如所謂從容中道、縱心不踰矩，智何足以名之？」曰：「如伊尹、伯夷、柳下惠，只於清任和處中，其他則未必皆中，則其智容有所不周。」

智便是用處。曰：「用智莫非所以言聖人，若曰『行其所無事』，則由智行，非行智者也。」曰：「觀此却是以智爲妙。」曰：「聖人之於智，見無全牛，萬理洞開，即便是從容處，豈不謂之妙？若伯夷、伊尹、柳下惠於清任和處已至聖人，但其他處未必皆中。其至與孔子同，而其中與孔子異，只爲不能無偏故也。若隘與不恭，其所偏歟？」

「充類至義之盡」，言不可以謂之盗也。「獵較猶可」，則取於民猶禦者，受其所賜，何爲不可？

「柳下惠不以三公易其介，此與聖人之和互相發耶，乃所以爲和耶？」曰：「若觀其和，疑若不介，故此特言之。」曰：「何以知其介？」曰：「只不卑小官之意，便自可見。如柳下惠之才，以爲大官何所不可？而樂於爲小官，則其剛介可知矣。」

「中心安仁者，❶天下一人而已。如伯淳莫將做天下一人看？」曰：「固是。」

東坡言「直方大」云：「既直且方，非大而何？」曰：「直方蓋所以爲大，然其辭却似不達。孔子云『敬義立而德不孤』，德不孤乃所謂『大德不孤，則四海之内皆兄弟』之意。夫能使四海之内皆兄弟，此所以爲大也。」

❶「中心安仁者」一則，正德本無。

東坡云「萬物覩」乃是萬物欲見之，言欲見之，便非「聖人作而萬物覩」。如日在天，萬物便見。聖人惟恐不作，作則即時覩矣。作與覩，同時事也，啐啄同時。❶

乾之九三獨言君子，蓋九三人之位也，履正居中在此一爻。故《文言》於九四則曰「上不在天，下不在田，中不在人」，於九三止言「上不在天，下不在田」而已。其曰「君子行此四德者」，蓋乾之所謂君子也。曰「所以爲君子」者，乃行此德之人耳。

上治，❷如所謂正己也。

讀書須看古人立意所發明者何事，不可只於言上理會。如萬章問象日以殺舜爲事，孟子答舜所以處之之道，其意在説聖人誠信無僞，此尤不可不知。若從枝葉上理會，只如象欲使二嫂治朕棲之語，此豈可信？堯在上不容有此等人，若或有之，不知則已。然堯於舜，既以女妻之，其弟如此，豈有不知？知則治之矣。

若使死可以救世，則雖死不足恤，然豈有殺賢人君子之人？君子能使天下治，以死救天下，乃君子分上事，不足怪，然亦須死得是。孟子曰：「可以死，可以無死，死傷勇。」如必要以死任事爲能外死生，是乃以死生爲大事者也，未必能外生死。

鄭季常問：「孔子去魯，曰：『遲遲吾行也。』去父母國之道也。然而燔肉不至，不脱冕而行，豈得爲遲

---

❶ 「啐啄同時」四字，正德本無。

❷ 「上治」一則，正德本無。

遲？」曰：「孔子欲去之意蓋久，待燔肉不至而行。不欲爲苟去，乃所謂遲遲。若他國，則君不用便當去，豈待燔肉之不至然後行？」曰：「何以見其去他國之速？」曰：「衛靈公問陳，一語不契，明日遂行。」

孟子所言皆精粗兼備，❶其言甚近而妙義在焉。如龐居士云「神通并妙用，運水與般柴」，此自得者之言，最爲達理。若孟子之言，則無適不然。如許大堯舜之道，只於行止疾徐之間教人做了。

❶「孟子所言皆精粗兼備」一則，正德本無。

龜山楊先生語録後録上

楊時於新學極精。今日一有所問，能盡知其短而持之。介甫之學大抵支離，伯淳嘗與楊時讀了數篇，其後盡能推類以通之。見《程氏遺書》。

伊川答楊中立論《西銘》，中立書尾云「判然無疑」。伊川曰：「楊時也，未判然。」見祁寬所記尹公語。

舊在二先生之門者，伯淳最愛中立，正叔最愛定夫。二人氣象亦相似。見《上蔡語録》。

龜山楊先生語録後録下

宋興百有餘年，四方無虞，風俗敦厚，民不識干戈。有儒生於江南，高談《詩》《書》，自擬伊、傅，而實竊佛老之似，濟非鞅之術，舉世風動，雖巨德故老有莫能燭其姦。其説一行而天下始紛紛多事，反理之評，詭道之論，日以益熾，邪慝相承，卒兆裔夷之禍。考其所致，有自來矣。靖康初，龜山楊公任諫議大夫國子祭酒，始推本論奏其學術之謬，請追奪王爵，罷去配饗。雖當時餘黨猶夥，公之説未得盡施，然大統中興，論議一正。到于今，學者知荆舒禍本而有不屑焉，則公之息邪説、距詖行、放淫辭以承孟氏者，其功顧不大哉！是宜列之學宫，使韋布之士知所尊仰，而況公舊所臨，流風善政之及，祀事其可闕乎？瀏陽實潭之屬邑，紹聖初，公嘗辱爲之宰。歲饑，發廩以賑民，而部使者以催科不給罪公。公之德於邑民也深矣。後六十有六年，建安章才邵來爲政，慨然念風烈，咨故老，葺公舊所，爲飛鴻閣，繪像於其上，以示後學，以慰邑人之思，去而不忘也。又六年，貽書俾熹記之。熹生晚識陋，何足以窺公之藴？惟公師事河南二程先生，得《中庸》「鳶飛魚躍」之傳於言意之表，踐履純固，卓然爲一世儒宗。故見於行事深切著明如此，敢表而出之，庶幾慕用之萬一云爾。《飛鴻閣畫像記》。❶

❶ 此條見宋張栻《南軒集》卷一〇《瀏陽歸鴻閣龜山楊諫議畫像記》，文中二「熹」字作「某」。

龜山天資高，朴實簡易，然所見一定，更不須窮究。某嘗謂這般人皆是天資出人，非假學力。如龜山極是簡易，衣服也只據見定。終日坐在門限上，人犯之亦不校，其簡易率皆如此。❶

「喜怒哀樂未發」，龜山「敬而無失」之説甚好。❷

問：「龜山云：『消息盈虚，天且不能暴爲之，去小人亦不可驟。』如何？」曰：「只看時如何，不可執。天亦有迅雷風烈之時。」

又言龜山先生年少未見伊川時，先去看莊、列等文字。後來雖見伊川，然而此念熟了，不覺時發出來。游定夫尤甚。羅仲素時復亦有此意。

龜山往來太學，過廬山，見常總。總亦南劍人也，與龜山論性，謂本然之善不與惡對。後胡文定得其説於龜山，至今諸胡謂本然之善不與惡對，與惡爲對者又别有一善。常總之言初未爲失，若論本然之性，只一味是善，安得惡來？人自去壞了，便是惡。既有惡，便與善爲對。今他却説有不與惡對底善，又有與惡對底善。如近年郭子和「九圖」便是如此見識，上面書一圈子，寫「性善」字，從此牽下兩邊，有善有惡。或云：「恐文定當來未甚有差，後來傳襲，節次訛舛。」曰：「看他説『善者贊美之詞，不與惡對』，已自差異。」

理不外物，若以物便爲道，則不可。如龜山云：「寒衣饑食，出作入息，無非道。『伊尹耕於有莘之野，

---

❶ 以下各條俱見於《朱子語類》。

❷ 「龜山」，《朱子語類》作「程子」，且所載「敬而無失」之説確屬程子而非龜山。此條誤收。

以樂堯舜之道。』夫堯舜之道，豈有物可玩哉？ 即『耕於有莘之野』是已。」恁地説，却有病。 物只是物，所以爲物之理，乃道也。

龜山言：「天命之謂性，人欲非性也。」天命之善，本是無人欲，不必如此立説。 胡子《知言》云：「天理人欲，同體而異用，同行而異情。」自是他全錯看了。

問：「《横浦語録》載張子韶戒殺，不食蟹，高抑崇相對，故食之。 龜山云：『子韶不殺，抑崇故殺，不可。』抑崇退，龜山問子韶：『周公何如？』對曰：『仁人。』曰：『周公驅猛獸，兼夷狄，滅國者五十，何嘗不殺？ 亦去不仁以行其仁耳。』」先生云：「此特見其非不殺耳，猶有未盡。 須知上古聖人制爲罔罟佃漁，食禽獸之肉。但君子遠庖厨，不暴殄天物。 須如此説，方切事情。」

草堂先生及識元城劉器之、楊龜山。 龜山之出時已七十歲，却是從蔡攸薦出。 他那時却是覺得這邊扶持不得，事勢也極，故要附此邊人，所以薦龜山。 初緣蔡攸與蔡子應説，令其薦舉人才，答云：「太師用人甚廣，又要討甚麽人？」曰：「緣都是勢利之徒，❶恐緩急不可用。 公知有山林之人，可見告。」他便説：「某只知鄉人鼓山下張觷，字柔直，其人甚好。」蔡攸曰：「家間子姪未有人教，可屈他來否？」此人即以告張，張即從之。 及教其子姪，儼然正師弟子之分，異於前人。 得一日，忽開諭其子弟以奔走之事，其子弟駭愕，即告之曰：「若有賊來，先及汝等，汝等能走乎？」子弟益驚駭，謂先生失心，以告老蔡。 老蔡因悟曰：「不然，他

❶「都是」，原作小字，今據文義及《朱子語類》卷一〇一改。

説得是。」蓋京父子此時要喚許多好人出，已知事變必至，即請張公叩之。張言：「天下事勢至此，已不可救，勢只得且收舉个賢人出，以爲緩急倚仗耳。」即令張公薦人。張公於是薦許多人，龜山在一人之數。今龜山墓誌云：「會有告大臣以天下將變，宜急舉賢以存國，於是公出。」謂此。張後爲某州縣丞。到任，即知虜人入寇必有自海道至者，於是買木爲造舡之備。踰時果然虜自海入寇，科州縣造舟，倉卒擾擾，油灰木材莫不踴貴。獨張公素備，不勞而辦。以此見知於帥憲，即辟知南劍。會葉鐵入寇，民人大恐。他即告諭安存之，即率城中諸富家，令出錢米，沽酒買肉，爲蒸糊之類。遂分民兵三替，逐替燕犒酒食，授以兵器。先一替出城與賊接戰，即犒第二替出，先替未倦而後替即得助之。民大喜，遂射殺賊首。富民中有識葉鐵者，即厚勞之，勿令執兵，❶只令執長鎗，❷上懸白旗，令見葉鐵即以白旗指向之。衆人上了弩，即其所指而發，遂中之。後都統任某欲争功，亦讓與之。其餘諸盗，却得都統之力，放賊之叔父以成反間。

論及龜山，先生曰：「龜山彈蔡京，也是，只不迅速。」林擇之曰：「龜山晚出一節，亦不是。」先生曰：「也不干晚出事。若出來做得事，也無妨。他性慢，看道理也如此。平常處看得好，緊要處却放緩了。做事都渙散無倫理。將樂人性急麄率，龜山却恁寬平。此是間出。❸然其麄率處，依舊有土風在。」

---

❶「勿」，原作「忽」，據《朱子語類》改。

❷「令」，原作「今」，據《朱子語類》改。

❸「出」，《朱子語類》作「氣」。

或問：「龜山晚年出處不可曉，其召也以蔡京，然在朝亦無大建明。」曰：「以今觀之，則可以追咎當時無大建明。若自家處之，不知當時所當建明者何事？」或云：「不過擇將相爲急。」曰：「也只好説不知當時事勢如何。擇將相固是急，然不知當時有甚人可做？當時將只説种師道，相只説李伯紀，然固皆嘗用之矣。又況自家言之，彼亦未便見聽。據當時勢亦無可爲者，不知有大聖賢又如何耳。」

問：「龜山晚年出得是否？」曰：「出如何不是？只看出得如何。當初若能有所建明而出，則勝於不出。」曰：「渠用蔡攸薦，亦未是。」曰：「亦不妨，但當時事急，且要速得一好人出來救之，只是出得來不濟事耳。觀渠爲諫官，將去猶惓惓於一對，已而不得對。及觀其所言，第一正心誠意，意欲上推誠待宰執；第二理會東南綱運。當時宰執皆庸繆之流，待亦不可，不待亦不可。不告以窮理而告以正心誠意。賊在城外，道途正梗，縱有東南綱運，安能達？所謂『雖有粟，安得而食諸？』當危急之時，人所屬望，而著數乃如此。所以使世上一等人笑儒者以爲不足用，正坐此耳。」問：「圍城時李伯紀如何？」曰：「當時不使他更誰使？士氣至此，蕭索無餘，他人皆不肯向前，惟有渠尚不顧死，且得倚仗之。」問：「姚平仲劫寨事，是誰發？」曰：「人皆歸罪伯紀，此乃是平仲之謀。姚、种皆西方將家，師道已立功，平仲恥之，故欲以奇功取勝之。劫不勝，欽廟親批，令伯紀策應。或云，當時若再劫，可勝，但無人敢主張。」問：「种師中河東之死，或者亦歸罪伯紀。」曰：「不然。嘗親見一將官説師中之敗，乃是爲流矢所中，非戰敗。渠親見之，甚可怪。如种師道方爲樞密，朝廷倚重，遽死，此亦是氣數。伯紀管御營，欽廟授以空名告身，自觀察使以下使之自補。師道只用一二小使臣誥，御批云：『大臣作福作威，漸不可長。』及遣救河東，伯紀度勢不可，辭不行，御批云：『身爲大臣，遷延避事！』是時許崧老爲右丞，與伯紀善，書『杜郵』二字與之，伯紀悟，遂行。當危急時，反爲姦臣所使，豈能做事？」問：「种師道果可依仗否？」曰：「師道爲人口訥，語言不能出。上問和親，曰：『臣執干戈以衛社稷，不知其他。』遂去，不能反覆力執。大抵是時在上者無定説，朝變夕改，縱有好人，亦做不得事。」❶

道夫問：「龜山晚歲一出，爲士詬罵，果有之否？」曰：「他當時一出，追奪荆公王爵，罷配饗夫子，且欲毁劈三經板。士子不樂，遂相與聚問三經有何不可，輒欲毁之？當時龜山亦謹避之。」問：「或者疑龜山此出爲無補於事，徒爾紛紛。或以爲大賢出處不可以此議，如何？」曰：「龜山此行固是有病，但只後人又何曾夢到他地位在？惟胡文定以柳下惠『援而止之而止』比之，極好。」

龜山之出，人多議之。惟胡文定公之言曰：「當時若能聽用，決須救得一半。」此語最公。蓋龜山當此時雖負重名，亦無殺活手段。若謂其懷蔡氏汲引之恩，力庇其子，至有「謹勿擊居安」之語，則誣矣。幸而此言出於孫覿，人自不信。

坐客問龜山先生立朝事。先生曰：「胡文定論得好：『朝廷若委吴元忠輩推行其説，決須救得一半，不至如後來狼狽。』然當時國勢已如此，虜初退後，便須急急理會，如救焚拯溺。諸公今日論蔡京，明日論王

---

❶ 此條實由二則組成，從開頭「問龜山晚年出得是否」至「正坐此耳」爲一則，見《朱子語類》卷一〇一。從「問圍城時李伯紀如何」至文末又爲一則，見《朱子語類》卷一三〇。後一則不關楊時，當爲誤植。

黼，當時姦黨各已行遣了，只管理會不休，擔閣了日子。如吴元忠、李伯紀向來亦是蔡京引用，免不得略遮庇，只管喫議論。龜山亦被孫覿輩窘擾。」

龜山銘誌不載高麗事。他引歐公作《梅聖俞墓誌》不載希文詩事，❶辨得甚好。「孰能識車中之狀，意欲施事？」見《韓詩外傳》。

伯夷微似老子。胡文定作《龜山先生墓誌》，主張龜山似柳下惠，看來是如此。

龜山與廖尚書説義利事，廖云：「義利却是天理人欲。」龜山曰：「只怕賢錯認，以利爲義也。」後來被召主和議，果如龜山説。廖初舉鄭厚與某人，可見其賢此二人。二人皆要上恐脱「不」字主和議。及廖被召，却不問此二人，却去與葉孝先商量。❷及爲中丞，又薦鄭轂。然廖終與秦不合而出。但初不能别義利之分，亦是平時講之不熟也。鄭博士，某舊見之，年七十餘，云嘗見上蔡先生，先人甚敬之。

因説胡珵德輝所著文字，❸問：「德輝何如人？」曰：「先友也，晉陵人。曾從龜山游，故所記多龜山説話。能詩文，墨隸皆精好。嘗見先人館中唱和一卷，惟胡詩特佳。趙忠簡公當國，與張巇巨山同爲史官。及趙公去位，張魏公獨相，以爲元祐未必全是，熙豐未必全非，遂擢何掄仲、李似表二人爲史官。胡、張所修

---

❶「希」，原作「布」，據《朱子語類》改。

❷「與」，原脱，據《朱子語類》補。

❸「因」，原作「國」，據《朱子語類》改。

史皆摽出，欲改之。胡、張遂求去。及忠簡再入相，遂去何、李，依舊用胡、張爲史官。成書奏上，弄得都成私意。」

龜山雜博，是讀多少文字。

跋

右《龜山先生語録》，卷末有「後學天台吴堅刊于福建漕治」二行行款，與《張子語録》同，蓋同時刊本也。晁氏《讀書附志》著録四卷，無撰人名氏。陳氏《解題》則言「延平陳淵幾叟、羅從彦仲素、建安胡大原伯逢所録楊時中立語及其子迪稿録共四卷。末卷爲附録墓志、遺事，順昌廖德明子晦所集」云云。今世行《龜山集》四十二卷中，有《語録》四卷，文字與是本合，然無附録，且此稱「後録」，所載皆他人論贊之語，無墓志、遺事，與陳志所稱不同。又二志所記《語録》卷數雖同，而其刊本不可得見，亦不知果同爲一書否也。是本卷一第二葉後四行「記言正心尊德性」，《全集》本乃羼入「記言正行佛氏之言」八字。第九葉後二行「人亦不以爲是」，《全集》本乃誤爲「人亦以爲是」。第二十葉前九、十行「但以禽獸待之可也，以禽獸待之，如前所爲是矣」三句，《全集》本乃易爲「但以前法待之可也」八字。卷二第五葉後六行「耳餘之交」一節，《全集》本乃全脱。第十八葉前四行「《春秋》正是聖人處置事處，他經言其理，此明其用」，《全集》本乃誤「他經」爲「宜經」。第二十二葉後一行「機心一萌，鷗鳥舞而不下矣」，《全集》本乃誤「鷗鳥舞」爲「驅鳥獸」。卷三第二十一葉後四、五行「以氣不和而然也，然氣不和非其常，治之而使其和，❶則反常矣」四句，《全集》本乃脱去「而然也」

❶「其」，原脱，據正文卷三及下句引補。

至「使其和」十六字。卷四第十八葉前八行「只如《左氏春秋》書君氏卒，君氏乃惠公繼室聲子也」、前十行「然聲子而書曰君氏是何義」，《全集》乃誤三「君」字爲「尹」字。其他訛奪殆不勝舉，雖是本亦間有舛誤，然其佳勝處，固非時本所可幾及者矣。癸酉歲暮，海鹽張元濟。

《儒藏》精華編選刊即出書目(二〇二三)

白虎通德論
誠齋集
春秋本義
春秋集傳大全
春秋左氏傳賈服注輯述
春秋左氏傳舊注疏證
春秋左傳讀
道南源委
桴亭先生文集
復初齋文集
廣雅疏證

龜山先生語録
郭店楚墓竹簡十二種校釋
國語正義
涇野先生文集
康齋先生文集
孔子家語　曾子注釋
禮書通故
論語全解
毛詩後箋
毛詩稽古編
孟子正義
孟子注疏
閩中理學淵源考
木鐘集
群經平議

三魚堂文集　外集
上海博物館藏楚竹書十九種校釋
尚書集注音疏
詩本義
詩經世本古義
詩毛氏傳疏
詩三家義集疏
書疑　東坡書傳　尚書表注
書傳大全
四書集編
四書蒙引
四書纂疏
宋名臣言行録
孫明復先生小集　春秋尊王發微
文定集

五峰集　胡子知言
小學集註
孝經注解　温公易説　司馬氏書儀　家範
孳經室集
伊川擊壤集
儀禮圖
儀禮章句
易漢學
游定夫先生集
御選明臣奏議
周易口義　洪範口義
周易姚氏學